GRöLS Verlage

„Bücher sind wie Fallschirme. Sie nützen uns nichts, wenn wir sie nicht öffnen.“

Gröls Verlag

Redaktionelle Hinweise und Impressum

Das vorliegende Werk wurde zugunsten der Authentizität sehr zurückhaltend bearbeitet. So wurden etwa ursprüngliche Rechtschreibfehler *nicht* systematisch behoben, denn kleine Unvollkommenheiten machen das Buch – wie im Übrigen den Menschen – erst authentisch. Mitunter wurden jedoch zum Beispiel Absätze behutsam neu getrennt, um den Lesefluss zu erleichtern.

Um die Texte zu rekonstruieren, werden antiquarische Bücher von Lesegeräten gescannt und dann durch eine Software lesbar gemacht. Der so entstandene Text wird von Menschen gegengelesen und korrigiert – hierbei treten auch Fehler auf. Wenn Sie ebenfalls antiquarische Texte einreichen möchten, finden Sie weitere Informationen auf www.groels.de

Viel Freude bei der Lektüre wünscht Ihnen das Team des Gröls-Verlags.

Adressen

Verleger: Sophia Gröls, Im Borngrund 26, 61440 Oberursel

Externer Dienstleister für Distribution & Herstellung: BoD, In de Tarpen 42, 22848 Norderstedt

Unsere „Edition | Werke der Weltliteratur“ hat den Anspruch, eine der größten und vollständigsten Sammlungen klassischer Literatur in deutscher Sprache zu sein. Nach und nach versammeln wir hier nicht nur die „üblichen Verdächtigen“ von Goethe bis Schiller, sondern auch Kleinode der vergangenen Jahrhunderte, die – zu Unrecht – drohen, in Vergessenheit zu geraten. Wir kultivieren und kuratieren damit einen der wertvollsten Bereiche der abendländischen Kultur. Kleine Auswahl:

Francis Bacon • Neues Organon • **Balzac** • Glanz und Elend der Kurtisanen • **Joachim H. Campe** • Robinson der Jüngere • **Dante Alighieri** • Die Göttliche Komödie • **Daniel Defoe** • Robinson Crusoe • **Charles Dickens** • Oliver Twist • **Denis Diderot** • Jacques der Fatalist • **Fjodor Dostojewski** • Schuld und Sühne • **Arthur Conan Doyle** • Der Hund von Baskerville • **Marie von Ebner-Eschenbach** • Das Gemeindekind • **Elisabeth von Österreich** • Das Poetische Tagebuch • **Friedrich Engels** • Die Lage der arbeitenden Klasse • **Ludwig Feuerbach** • Das Wesen des Christentums • **Johann G. Fichte** • Reden an die deutsche Nation • **Fitzgerald** • Zärtlich ist die Nacht • **Flaubert** • Madame Bovary • **Gorch Fock** • Seefahrt ist not! • **Theodor Fontane** • Effi Briest • **Robert Musil** • Über die Dummheit • **Edgar Wallace** • Der Frosch mit der Maske • **Jakob Wassermann** • Der Fall Maurizius • **Oscar Wilde** • Das Bildnis des Dorian Grey • **Émile Zola** • Germinal • **Stefan Zweig** • Schachnovelle • **Hugo von Hofmannsthal** • Der Tor und der Tod • **Anton Tschechow** • Ein Heiratsantrag • **Arthur Schnitzler** • Reigen • **Friedrich Schiller** • Kabale und Liebe • **Nicolo Machiavelli** • Der Fürst • **Gotthold E. Lessing** • Nathan der Weise • **Augustinus** • Die Bekenntnisse des heiligen Augustinus • **Marcus Aurelius** • Selbstbetrachtungen • **Charles Baudelaire** • Die Blumen des Bösen • **Harriett Stowe** • Onkel Toms Hütte • **Walter Benjamin** • Deutsche Menschen • **Hugo Bettauer** • Die Stadt ohne Juden • **Lewis Caroll** • *und viele mehr….*

Leo Tolstoi

Familienglück

Ein Roman

Übersetzung

Von

August Scholz

Inhalt

Erster Teil ... 6

1. ... 6
2. ... 14
3. ... 26
4. ... 40
5. ... 50

Zweiter Teil ... 61

1. ... 61
2 ... 76
3. ... 90
4. ... 102

Erster Teil

1.

Wir hatten Trauer nach unserer Mutter, die im Herbst gestorben war, und lebten zu Dreien – Katja, Sonja und ich – den ganzen Winter still für uns auf dem Lande.

Katja war eine alte Freundin unseres Hauses, unsere Gouvernante, die uns alle erzogen hatte. Soweit ich zurückdenken konnte, hatte ich sie gekannt und geliebt. Sonja war meine jüngere Schwester. Wir verlebten einen düsteren, traurigen Winter in unserem alten Hause in Pokrowskoje. Das Wetter war kalt und windig, der Schnee war zuweilen bis über unser Fenster hinauf angeweht; die Fenster waren fast immer zugefroren und trübe, und den ganzen Winter hindurch waren wir kaum einmal ausgegangen oder ausgefahren. Nur selten einmal besuchte uns jemand. Und wenn schon jemand kam, trug er jedenfalls nicht dazu bei, daß Lust und Fröhlichkeit in unserem Hause herrschten. Alle hatten betrübte Gesichter, alle sprachen leise, als fürchteten sie jemanden zu wecken, vermieden das Lachen, seufzten und weinten häufig, wenn sie mich oder die kleine Sonja im schwarzen Kleide sahen. Es war, als fühle man im Hause noch die Anwesenheit des Todes; die Trauer und der Schrecken des Todes schienen unsichtbar in der Luft zu schweben. Mamas Zimmer war verschlossen, und wenn ich an ihrer Tür vorüberkam, um mich im Zimmer nebenan schlafen zu legen, ward mir ganz unheimlich zumute. Zugleich aber zog mich etwas dorthin und drängte mich, in den öden, kalten Raum einen Blick zu werfen.

Ich zählte damals siebzehn Jahre; und gerade in dem Jahre, als Mama starb, hatte sie nach der Stadt ziehen wollen, um mich in die Gesellschaft einzuführen. Der Verlust der Mutter war für mich ein großer Schmerz gewesen, doch muß ich bekennen, daß neben diesem Schmerz mich auch das Gefühl bedrückte, daß ich jung und, wie man mir sagte, auch schön war und nun schon den zweiten Winter nutzlos in ländlicher Einsamkeit zubringen mußte. Gegen Ausgang des Winters hatte dieses Gefühl der Trauer und Vereinsamung oder, kurz gesagt, der Langenweile sich so in mir gesteigert, daß ich gar nicht mehr aus dem Zimmer ging, nicht mehr das Klavier öffnete und kein Buch mehr in die Hand nahm. Wenn Katja mir zuredete, mich doch mit diesem oder jenem zu beschäftigen, antwortete ich: „Ich habe keine Lust, ich kann nicht“ – in meinem Herzen aber sagte ich mir: „Wozu? Welchen Zweck hat es, überhaupt etwas zu tun, während doch meine beste Lebenszeit so nutzlos dahingeht? Wozu also überhaupt etwas tun?“ Und auf dieses „wozu?“ fand ich keine andere Antwort als Tränen.

Man hatte mir gesagt, ich sei während dieser Zeit mager und häßlich geworden, doch auch das ließ mich völlig gleichgültig. „Wozu? Für wen?“ sagte ich mir. Es war mir, als müsse mein ganzes Leben in dieser einsamen Abgeschiedenheit, dieser hilflosen Schwermut vergehen, der mich zu entwinden ich nicht die Kraft, ja nicht einmal den Wunsch besaß. Katja hatte gegen Ende des Winters wirklich schon Angst um mich und war entschlossen, mich um jeden Preis ins Ausland zu bringen, um mich meiner trostlosen Stimmung zu entreißen. Aber dazu war Geld nötig, und wir wußten gar nicht, was uns eigentlich nach dem Tode der Mutter zugefallen war. Tag und Nacht erwarteten wir den Vormund, der doch einmal kommen mußte, um unsere Angelegenheiten zu ordnen.

Im März kam der Vormund endlich an.

„Nun, Gott sei Dank!“ sagte eines Tages Katja zu mir, als ich ohne Beschäftigung, ohne Gedanken, ohne Wunsch wie ein Schatten von einem Winkel zum andern irrte. „Sergjej Michajlytsch ist auf seinem Gute angekommen, er hat hergeschickt, um nach unserem Ergehen zu fragen, und wollte zum Mittagessen hier bleiben. Du mußt dich aufraffen, meine kleine Mascha,“ fügte sie hinzu – „was soll er denn sonst von dir denken? Er liebt euch alle so sehr.“

Sergjej Michajlowitsch war ein Nachbar von uns, und er war ein Freund meines verstorbenen Vaters gewesen, obschon er weit jünger gewesen war als dieser. Abgesehen davon, daß seine Ankunft unsere Pläne änderte und uns die Möglichkeit gewährte, vom Lande wegzuziehen, hatte ich von Kindheit an Liebe und Achtung für ihn empfunden, und als Katja mich jetzt ermahnte, ich solle mich aufraffen, war dies sicher in der Erwartung geschehen, daß ich unter allen unseren Bekannten mich am wenigsten vor Sergjej Michajlowitsch in ungünstigem Lichte würde zeigen wollen. Ich war ihm nicht nur, wie alle im Hause, von Katja und seinem Patenkind Sonja bis zum letzten Kutscher, aus bloßer Gewohnheit zugetan – es lag da vielmehr noch ein besonderer Grund vor, weshalb ich seinem Erscheinen mit Spannung entgegensah. Eine Äußerung, die Mama einmal in meiner Gegenwart getan, war hier mit im Spiele: sie wünsche sich solch einen Gatten für mich, hatte sie gesagt. Ihre Worte waren mir damals sonderbar vorgekommen, ja sogar peinlich gewesen: mein Held sah ganz anders aus. Mein Held war ein schlanker, hagerer, bleicher, melancholischer Jüngling. Sergjej Michajlowitsch dagegen war nicht mehr jung, er war groß, untersetzt und, wie mir schien, immer vergnügt; gleichwohl hatten jene Worte Mamas auf meine Phantasie stark eingewirkt, und schon damals, vor sechs Jahren, als ich eben elf Jahre zählte, als er mich noch duzte, mit mir spielte und mich ein „kleines Veilchen" nannte, hatte ich mir bisweilen nicht ohne Gefühl der Angst die Frage vorgelegt, was ich wohl tun würde, wenn er plötzlich um meine Hand anhielte.

Kurz vor dem Essen, zu dessen Menu Katja noch ein Spinatgericht und eine süße Speise hinzugefügt hatte, kam Sergjej Michajlowitsch an. Ich sah durchs Fenster, wie er in einem kleinen Schlitten sich unserem Hause näherte. Als er jedoch um die Ecke bog, eilte ich in den Salon: ich wollte mir den Anschein geben, als hätte ich ihn gar nicht erwartet. Sobald ich aber im Vorzimmer das Geräusch seiner Schritte, seine laute Stimme und Katjas Schritte vernahm, hielt ich es nicht länger aus und ging ihm selbst entgegen. Er hielt Katjas Hand in der seinen, sprach laut und lächelte. Als er mich erblickte, schwieg er und betrachtete mich eine Weile, ohne mich zu grüßen. Ich wurde verlegen und fühlte, daß ich errötete.

„Ach, sind Sie es wirklich?" sagte er in seiner bestimmten, schlichten Art, während er mit einer Bewegung der Hände, die seine Überraschung ausdrückte, auf mich zutrat. „Ist eine solche Wandlung denn möglich? Wie groß Sie geworden sind! Das ist nun das Veilchen von einstmals – Sie sind ja zu einer vollen Rose erblüht!“

Mit seiner großen Hand ergriff er die meine und schüttelte sie so bieder und kräftig, daß es mir fast weh tat. Ich dachte, er würde sie mir küssen, und hatte mich bereits zu ihm vorgeneigt, doch er drückte sie mir nur noch einmal und sah mir mit seinem sicheren, klaren Blick gerade in die Augen.

Ich hatte ihn seit sechs Jahren nicht gesehen. Er hatte sich sehr verändert: er war älter geworden, sein Teint war dunkler, und er trug einen Backenbart, der ihn gar nicht kleidete; aber seine schlichten Manieren, das offene, ehrliche Gesicht mit den kräftigen Zügen, die klugen, glänzenden Augen und das liebenswürdige, fast kindliche Lächeln waren unverändert geblieben.

Nach fünf Minuten bereits hatte er aufgehört, nur schlechtweg ein Gast zu sein – er war einfach für uns alle, selbst für die Dienerschaft, die durch ihre Bereitwilligkeit ihre Freude über seine Ankunft an den Tag legten, ein lieber Hausfreund geworden.

Er benahm sich durchaus nicht so wie die übrigen Nachbarn, die nach dem Tode der Mutter bei uns vorgesprochen und es für ihre Pflicht gehalten hatten, schweigend dazusitzen und mit uns zu weinen; er war im Gegenteil gesprächig und vergnügt und erwähnte die Mutter nicht mit einem Worte, so daß ich anfangs diese Gleichgültigkeit vonseiten eines uns so nahestehenden Mannes ein wenig sonderbar und sogar unpassend fand. Dann aber begriff ich, daß dies nicht Gleichgültigkeit war, sondern Aufrichtigkeit, für die ich ihm dankbar war. Am Abend servierte uns Katja den Tee an der alten Stelle im Salon, ganz so, wie es zu Mamas Zeiten gewesen war; ich saß mit Sonja neben ihr; der alte Diener Grigorij brachte ihm Papas Pfeife, die er irgendwo gefunden hatte, und er begann ganz so wie in früheren Zeiten im Zimmer auf und ab zu gehen.

„Wenn ich so bedenke, welche furchtbaren Veränderungen in diesem Hause vor sich gegangen sind!“ sagte er stehenbleibend.

„Ja," entgegnete Katja mit einem Seufzer, legte den Deckel auf den Samowar und sah den Gast an, während ihr die Tränen in die Augen stiegen.

„Ihres Vaters werden Sie sich wohl noch erinnern?" wandte er sich an mich.

„Ja, ein wenig," antwortete ich.

„Wie schön wäre es, wenn Sie ihn jetzt noch hätten!" sagte er leise, während er nachdenklich über meine Augen hinweg auf meinen Scheitel blickte. „Ich hatte Ihren Vater sehr gern," fügte er noch leiser hinzu, und es schien mir, daß der Glanz seiner Augen bei seinen Worten noch zunahm.

„Und nun hat Gott auch unsere Mutter zu sich genommen!" sprach Katja, und gleich darauf legte sie ihre Serviette auf die Teekanne, zog ihr Taschentuch hervor und begann zu weinen.

„Ja, es sind furchtbare Veränderungen, die hier stattgefunden haben," wiederholte er, während er sich abwandte. „Sonja, zeig' mir doch einmal deine Spielsachen," fügte er nach einem Weilchen hinzu und verließ das Zimmer. Die Augen voller Tränen, blickte ich, während er hinausging, auf Katja.

„Ach, welch ein trefflicher Freund," sagte Katja.

Und in der Tat ward mir warm und wohl ums Herz angesichts der Teilnahme dieses guten, wenn auch mir fernstehenden Menschen.

Aus dem Zimmer nebenan vernahmen wir Sonjas feines Stimmchen und ihr Lachen – sie unterhielten sich offenbar gut miteinander. Ich schickte ihm den Tee hinein. Gleich darauf hörten wir, wie er sich ans Klavier setzte und Sonjas Händchen auf die Tasten loshämmerten.

„Maria Alexandrowna!" ließ er seine Stimme vernehmen – „kommen Sie doch herein und spielen Sie etwas!"

Es war mir angenehm, daß er in dieser einfachen, freundschaftlich bestimmten Weise sich an mich wandte; ich erhob mich und ging zu ihm hinein.

„Spielen Sie doch einmal das hier,“ sagte er, ein Heft von Beethoven bei dem „Adagio quasi una fantasia“ aufschlagend. „Wir wollen einmal sehen, wie Sie spielen,“ fügte er hinzu und trat mit seinem Glase in eine Ecke des Zimmers.

Ich hatte die Empfindung, daß es mir unmöglich sein würde, ihm diese Bitte abzuschlagen oder mich zu zieren, unter dem Vorwande, daß mein Spiel nicht weit her sei; ich setzte mich folgsam wie ein Kind an das Klavier und begann zu spielen, so gut ich es verstand. Dabei war mir insgeheim doch vor seinem Urteil bange, denn ich wußte, daß er die Musik liebte und ein Kenner war. Das Adagio war im Tone jener Empfindungen gehalten, die durch das Gespräch beim Tee und all die wieder lebendig gewordenen Erinnerungen in mir geweckt worden waren, und so spielte ich auch, wie mir schien, gar nicht übel. Das Scherzo jedoch ließ er mich nicht spielen.

„Nein, das werden Sie nicht gut spielen,“ sagte er, zu mir tretend, „das lassen Sie lieber. Das erste aber war nicht übel. Es scheint, daß Sie Verständnis für Musik haben.“

Dieses gemessene Lob erfreute mich so sehr, daß ich sogar errötete. Es war mir so neu und so angenehm, daß er, der Freund und Vertraute meines Vaters, mit mir so ganz ernsthaft sprach und nicht mehr in halbscherzendem Tone, wie früher, als ich noch ein Kind gewesen. Katja begab sich nach oben, um Sonja zu Bett zu bringen, und wir blieben allein im Salon zurück.

Er erzählte mir von meinem Vater, wie er ihm nähergetreten sei, und wie vergnügt sie damals, als ich mich noch mit meinen Schulbüchern und Spielsachen befaßte, zusammen gelebt hätten; und in diesen Schilderungen erschien mir mein Vater zum erstenmal als ein einfacher, liebenswürdiger Mensch, wie ich ihn bisher nicht gekannt hatte. Er fragte mich über dies und das aus, wofür ich eine besondere Neigung hätte, was ich läse, welche Pläne ich für die Zukunft hätte, und gab mir Ratschläge. Er war jetzt für mich nicht mehr der fröhlich scherzende Kamerad, der mich neckte und Spielzeug für mich verfertigte, sondern der ernste, offene Mann, der mir freundlich gesinnt war, und für den ich unwillkürlich Hochachtung und Sympathie empfand. Es war mir so leicht und so wohl ums Herz, als ich so mit ihm sprach, zugleich jedoch empfand ich eine gewisse Beklemmung. Ich wog gleichsam jedes Wort, das ich sprach; es lag mir soviel daran, mich seiner Zuneigung zu versichern, die er mir schon darum entgegenbrachte, weil ich die Tochter meines Vaters war.

Als Katja Sonja zu Bett gebracht hatte, kam sie wieder zu uns und klagte ihm gegenüber über meine Apathie, von der ich ihm gar nichts gesagt hatte.

„Wie denn? Von der Hauptsache hat sie mir also gar nichts erzählt?“ sprach er lächelnd und schüttelte, während er mich ansah, mißbilligend den Kopf.

„Was hätte ich auch davon erzählen sollen?“ sagte ich. „Das ist doch so langweilig, und dann wird's ja auch vorübergehen.“ Ich hatte in der Tat jetzt das Gefühl, daß meine schwermütige Stimmung schwinden werde, ja daß sie bereits geschwunden sei und nicht mehr wiederkehren werde.

„Es ist nicht gut, wenn jemand die Einsamkeit nicht zu ertragen weiß,“ sagte er. „Sie sind doch ein gebildetes junges Fräulein, nicht wahr?“

„Ich halte mich wenigstens dafür,“ antwortete ich lächelnd.

„Nun denn – es ist kein Zeichen wirklicher Bildung, wenn eine junge Dame nur so lange klug und geistreich ist, als sie von andern bewundert wird, sich dagegen gehen läßt und gegen alles gleichgültig wird, wenn sie allein ist. Alles nur des Scheines wegen, nicht um seiner selbst willen und für sich selbst tun – nein, das ist nicht das Richtige!“

„Sie haben ja eine schöne Meinung von mir!“ bemerkte ich, um überhaupt etwas zu sagen.

„Nein,“ versetzte er nach einigem Schweigen – „nicht umsonst sehen Sie Ihrem Vater ähnlich, in Ihnen steckt etwas!“ Und sein guter, aufmerksam beobachtender Blick ruhte wieder freundlich auf mir und versetzte mich in eine freudige Erregung.

Jetzt erst fiel mir dieser nur ihm allein eigene, zuerst hell leuchtende, dann immer eindringlicher werdende, ein wenig schwermütige Blick auf, der gleichsam hinter dem ersten, heiteren Ausdruck seines Gesichtes auftauchte.

„Sie dürfen um keinen Preis die Langeweile aufkommen lassen,“ sagte er – „Sie haben die Musik, für die Sie Verständnis besitzen, Sie haben Ihre Bücher, Ihre Studien, Sie haben ein ganzes Leben vor sich, auf das Sie sich nur jetzt vorbereiten können, wenn Sie später keine Reue empfinden wollen. In einem Jahre schon wird es dazu zu spät sein.“

Er sprach mit mir wie ein Vater oder wie ein älterer Verwandter, und ich fühlte, wie er sich fortwährend Mühe gab, um sich nach Möglichkeit meinem Standpunkte anzupassen. Aber es verletzte mich einerseits, daß er der Meinung war, ich stehe geistig unter ihm, während es mir andrerseits schmeichelte, daß er sich überhaupt die Mühe machte, von seiner Höhe zu mir herabzusteigen.

Den Rest des Abends verbrachte er damit, mit Katja über geschäftliche Angelegenheiten zu reden.

„Nun leben Sie wohl, meine liebe Freundin,“ sagte er, sich erhebend, kam auf mich zu und ergriff meine Hand.

„Wann sehen wir uns wieder?“ fragte Katja.

„Im Frühjahr,“ antwortete er, noch immer meine Hand haltend. „Jetzt fahre ich nach Danilowka“ – so hieß unser zweites Gut – „sehe mich dort um, ordne alles, soweit ich das vermag, und gehe dann in meinen eigenen Angelegenheiten nach Moskau. Im Sommer werden wir uns wiedersehen.“

„Warum wollen Sie uns denn so lange fern bleiben?“ sagte ich aufrichtig betrübt – ich hatte wirklich schon gehofft, ihn von nun an täglich zu sehen. Es ward mir plötzlich so traurig ums Herz, und ich fürchtete, daß meine Schwermut und Langeweile wiederkehren würde. In meinem Blick und meiner Stimme muß das wohl zum Ausdruck gekommen sein.

„Suchen Sie sich so viel wie möglich zu beschäftigen, werden Sie nicht zur Grillenfängerin!“ sagte er in einem Tone, der mir allzu kühl und gleichgültig klang. „Im Frühjahr werde ich Sie dann examinieren,“ fügte er, ohne mich anzusehen, hinzu und ließ meine Hand los.

Im Vorzimmer, wohin wir ihm das Geleit gegeben hatten, zog er eilig seinen Pelz an. Auch hier würdigte er mich keines Blickes.

„Er strengt sich ganz vergeblich an,“ dachte ich. „Meint er vielleicht, ich empfinde es schon als ein besonderes Glück, wenn er mich nur ansieht? Er ist ein guter Mensch, ein sehr guter Mensch, gewiß – aber weiter auch nichts ...“

Wir konnten an diesem Abend lange nicht einschlafen und plauderten mit Katja – nicht sowohl von ihm, als davon, wie wir den Sommer verleben, und wo wir den nächsten Winter zubringen wollten. Die schreckliche Frage: „Wozu?“ bedrückte mich nun nicht mehr. Ich sagte mir ganz einfach und klar, man müsse leben, um glücklich zu sein, und ich stellte mir eine Zukunft voll hellen, freudigen Glückes vor. Leben und Licht war gleichsam plötzlich in unser altes, düsteres Haus in Pokrowskoje eingezogen.

2.

Es war Frühling geworden. Meine schwermütige Stimmung war verschwunden, und an ihre Stelle war jenes schwärmerische Sehnen und Hoffen getreten, das der Frühling in der Seele erweckt. Ich führte nun nicht mehr dasselbe Leben wie im Beginn des Winters, sondern beschäftigte mich mit Sonja, trieb Musik, las viel, ging häufig im Park spazieren und machte lange Promenaden in den Alleen, oder ich saß auf einer Bank und träumte, hoffte und schwärmte Gott weiß, wovon. Zuweilen brachte ich, namentlich wenn der Mond schien, die ganze Nacht bis zum frühen Morgen am Fenster meines Zimmers zu; mitunter ging ich ganz leise, damit Katja nichts merkte, in der bloßen Nachtjacke in den

Garten hinunter und lief über das tauige Gras nach dem Parkteich, und einmal wagte ich mich sogar aufs Feld hinaus und ging mitten in der Nacht ganz allein um den ganzen Park herum.

Es fällt mir jetzt schwer, mir jene Träumereien, die damals meine Phantasie beschäftigten, ins Gedächtnis zurückzurufen und sie zu verstehen. Und wenn sie mir wieder einfallen, kann ich es kaum glauben, daß dies wirklich meine Träumereien sind, so seltsam und lebensfremd scheinen sie mir.

Gegen Ende Mai kehrte Sergjej Michajlowitsch, wie er versprochen hatte, von seiner Reise zurück.

Das erstemal besuchte er uns am Abend, zu einer Zeit, da wir ihn gar nicht erwarteten. Wir saßen auf der Terrasse und wollten soeben Tee trinken. Der Garten prangte bereits in frischem Grün, und in den dichtbelaubten Bosketts ließen die Nachtigallen schon ihre Lieder erklingen. Die buschigen Fliedersträucher waren da und dort mit etwas Weißem oder Lilafarbigem bestreut – es waren die Blüten, die jeden Augenblick aufbrechen konnten. Das Laub der Birkenallee erschien ganz durchsichtig in den Strahlen der untergehenden Sonne. Auf der Terrasse lag ein kühler Schatten. Ein dichter Abendtau hatte sich auf den Rasen gesenkt. Vom Hofe her vernahm man das Brüllen der eingetriebenen Herde und die letzten Geräusche des schwindenden Tages. Der schwachsinnige Nikon fuhr mit dem Wasserfaß auf dem Wege vor der Terrasse vorüber, und der kühle Wasserstrahl seiner Gießkanne zeichnete schwarze Kreise auf dem frisch gelockerten Boden um die an Stäbe gebundenen jungen Georginen. Vor uns blinkte und brodelte auf dem weißen Tischtuch der blankgeputzte Samowar, daneben stand die Rahmkanne, und Brezeln und sonstiges Gebäck fehlten nicht. Katja spülte als sorgsame Hausfrau mit den runden, weichen Händen die Tassen aus. Ich konnte den Tee nicht erwarten und aß, da ich nach einem Bade Hunger hatte, eben eine mit frischer, dicker Sahne bestrichene Brotschnitte. Ich trug eine leinene Bluse mit offenen Ärmeln und hatte das feuchte Haar mit einem Tuche umhüllt. Katja war die erste, die den Gast durch das Fenster kommen sah.

„Ah, Sergjej Michajlowitsch!“ rief sie aus. „Wir haben soeben von Ihnen gesprochen.“

Ich stand auf und wollte fortgehen, um mich umzukleiden, doch traf er mich gerade in der Tür und suchte mich zurückzuhalten.

„Nun, was für Umstände machen Sie hier auf dem Dorfe,“ sagte er lächelnd, mit einem Blick auf das Tuch, mit dem ich den Kopf bedeckt hatte. „Sie genieren sich doch auch vor Grigorij nicht, und ich bin doch für Sie, denk' ich, ebensoviel wie Grigorij.“ Doch gerade in diesem Augenblick schien es mir, als blicke er mich so ganz anders an als Grigorij, und ich ward ein wenig verlegen.

„Ich bin gleich wieder hier,“ sagte ich und entfernte mich.

„Was ist denn an Ihnen auszusetzen?“ rief er hinter mir her – „Sie sehen ganz wie eine junge Bäuerin aus!“

„Wie seltsam er mich ansah!“ dachte ich, während ich mich oben in meinem Zimmer rasch umzog. „Nun, Gott sei Dank, daß er gekommen ist, es wird jetzt hier bei uns lustiger werden.“

Ich warf einen Blick in den Spiegel und eilte vergnügt die Treppe hinunter. Ich gab mir durchaus keine Mühe zu verheimlichen, daß ich mich beeilt hatte, und kam ganz atemlos auf die Terrasse zurück. Er saß am Tische und sprach mit Katja über unsere Angelegenheiten. Als er mich erblickte, lächelte er, fuhr jedoch fort zu sprechen. Unser Vermögensstand war, wie er sagte, in bester Ordnung. Wir sollten nach seiner Meinung noch den Sommer auf dem Lande zubringen und dann nach Petersburg ziehen, um Sonjas Erziehung zu vollenden, oder ins Ausland reisen.

„Ja, wenn Sie mit uns ins Ausland reisen wollten!“ sagte Katja. „Aber so werden wir uns dort wie im Urwalde vorkommen.“

„Ach, wie gern möchte ich mit Ihnen um die ganze Welt herumreisen!“ sagte er halb scherzend, halb im Ernst.

„Nun denn,“ sagte ich, „so machen wir also zusammen eine Reise um die Welt!“

Er lächelte und schüttelte den Kopf.

„Und mein Mütterchen? Und meine Geschäfte?“ sagte er. „Reden wir nicht davon. Erzählen Sie lieber, was Sie in der letzten Zeit getrieben haben. Haben Sie wieder Grillen gefangen?“

Als ich ihm erzählte, daß ich mich in seiner Abwesenheit mit allerhand nützlichen Dingen beschäftigt und durchaus keine Langeweile empfunden hätte, und als dann Katja meine Worte bestätigte, da lobte er mich und liebkoste mich gleichsam mit seinen Blicken und Worten wie ein artiges Kind, als hätte er ein besonderes Recht dazu. Ich hielt mich für verpflichtet, ihm ganz ausführlich und aufrichtig über alles zu berichten, was ich Rechtes getan, und ihm wie im Beichtstuhl alles zu bekennen, womit er vielleicht unzufrieden sein könnte. Der Abend war so schön, daß wir auch nach dem Tee noch auf der Terrasse blieben, und die Unterhaltung fesselte mich so sehr, daß ich gar nicht bemerkte, wie rings um uns nach und nach alle menschlichen Laute verstummt waren. Die Blumen ringsum dufteten so köstlich, reichlicher Tau netzte das Gras, eine Nachtigall schlug im nahen Fliedergebüsch und verstummte, als sie unsere Stimmen vernahm; der gestirnte Himmel schien sich tiefer auf uns herabgesenkt zu haben.

Ich merkte erst, daß es Nacht geworden, als plötzlich eine Fledermaus in lautlosem Fluge unter der über die Terrasse gespannten Markise hinhuschte und um mein weißes Tuch herumzuflattern begann. Ich lehnte mich gegen die Wand zurück und wollte schon aufschreien, aber die Fledermaus schlüpfte ebenso lautlos und rasch wieder unter dem Leinwanddach hinweg und verschwand im Halbdunkel des Gartens.

„Wie ich Ihr Pokrowskoje liebe!“ sagte der Gast, das Thema des Gesprächs plötzlich wechselnd – „mein ganzes Leben lang könnte ich hier auf dieser Terrasse sitzen.“

„Nun, so bleiben Sie doch hier sitzen,“ sagte Katja.

„Ja, bleiben Sie sitzen!“ entgegnete er – „aber das Leben will leider nicht mit sitzen bleiben.“

„Warum heiraten Sie nicht?“ sagte Katja. „Sie würden ein vortrefflicher Ehemann werden.“

„Sie meinen, weil ich gern stillsitze?“ sagte er lächelnd. „Nein, Katerina Karlowna, für uns beide ist es zum Heiraten zu spät. Ich gelte schon längst nicht mehr als Heiratskandidat, und auch ich selbst habe schon alle solche Gedanken aufgegeben. Ich fühle mich seitdem, offen gesagt, recht glücklich und zufrieden.“

Ich hatte den Eindruck, als sei die Fröhlichkeit, mit der er dies sagte, doch ein wenig erzwungen.

„Wie denn: Sie sind erst sechsunddreißig Jahre alt, und fühlen sich schon lebensmüde?“ sagte Katja.

„Ja, und in welchem Maße!“ antwortete er. „Ich möchte nur noch dasitzen und der Ruhe pflegen. Zum Heiraten gehört etwas anderes. Fragen Sie einmal diese da!“ – er nickte mit dem Kopfe nach mir herüber. „Die müssen heiraten, uns beiden aber muß es genügen, uns ihres Glückes zu freuen.“

Im Tone seiner Worte lag eine geheime Wehmut und eine gewisse Gezwungenheit, die mir nicht entging. Er schwieg ein Weilchen; weder ich noch Katja entgegneten etwas.

„Stellen Sie sich doch einmal vor,“ fuhr er, sich auf dem Stuhle herumwendend, fort – „ich käme plötzlich auf den unglücklichen Einfall, irgendein siebzehnjähriges Mädchen heiraten zu wollen: sagen wir einmal Mascha ... Maria Alexandrowna, wollte ich sagen. Das Beispiel paßt sogar sehr schön, und ich freue mich, daß es mir gerade so einfiel – wirklich ein sehr zutreffendes Beispiel ...“

Ich mußte lachen und begriff durchaus nicht, warum er sich so sehr freute, und was an dem Beispiel so besonders zutreffend war.

„Nun sagen Sie mir einmal aufrichtig, Hand aufs Herz,“ fuhr er in scherzendem Tone fort, indem er sich an mich wandte – „wäre es für Sie nicht ein Unglück, wenn Sie Ihr Dasein an einen alten Mann fesseln sollten, der sein Leben schon hinter sich hat, der nur noch still dasitzen und ausruhen möchte, während in Ihrem Herzen sich noch Gott weiß, welche Wünsche und Triebe regen?“

Ich wurde verlegen und schwieg, da ich nicht wußte, was ich antworten sollte.

„Ich mache Ihnen durchaus keinen Antrag,“ sagte er lachend. „Aber sagen Sie mir ehrlich: Sie träumen doch sicherlich nicht von einem solchen Manne, wenn Sie des Abends allein durch die Alleen schreiten? Wäre das nicht geradezu ein Unglück für Sie?“

„Ein Unglück wohl nicht ...“ begann ich.

„Aber auch kein großes Glück,“ sagte er, den Satz ergänzend.

„Ja; aber ich kann mich vielleicht täuschen ...“

Doch er unterbrach mich von neuem.

„Nun, sehen Sie!“ sagte er, und zu Katja gewandt, fuhr er fort: „Und sie hat vollkommen recht! Ich bin ihr dankbar für ihre Aufrichtigkeit und freue mich, daß wir das zur Sprache gebracht haben. Ja noch mehr: es wäre, glaube ich, für mich das größte Unglück ...“

„Was für ein Sonderling Sie doch sind: Sie haben sich gar nicht geändert!“ sagte Katja und verließ die Terrasse, um für das Abendessen ihre Anordnungen zu treffen.

Wir schwiegen beide, nachdem Katja gegangen war, und rings um uns war alles still. Nur die Nachtigall ließ ihre Triller erschallen, nicht mehr schüchtern und in abgerissenen, einzelnen Tonfolgen, wie vorher, sondern hell und voll, daß es durch den ganzen Park hin tönte und die Nacht zum Leben weckte. Von unten her, aus der Schlucht, gab heute zum erstenmal eine zweite Nachtigall Antwort. Die erste schwieg, als lausche sie einen Augenblick nach der andern hin, dann aber schmetterte sie ihre Triller noch jäher und lauter in die Nacht hinaus. Und so majestätisch und ruhig klangen ihre Stimmen durch diese nächtliche Welt, die ganz ihr eigen und uns Menschenkindern fremd war.

Der Gärtner ging vorüber, um sich in der Orangerie schlafen zu legen; der schwere Tritt seiner plumpen Stiefel hallte leiser und leiser auf dem Gartenpfade wider. Ein Pfiff ertönte unten am Abhang der Schlucht, dann noch ein zweiter, und alles ward wieder still. Kaum hörbar rauschten die Blätter, ein Windstoß hob die Markise über der Terrasse, und ein köstlicher Duft drang vom Garten her zu uns herauf und erfüllte die Terrasse.

Das Schweigen war mir nach dem, was vorher gesprochen worden, recht peinlich, doch wußte ich nicht, was ich sagen sollte. Ich sah ihn an. Seine Augen, die im abendlichen Halbdunkel glänzten, waren auf mich gerichtet.

„Wie schön doch das Leben ist!“ sprach er endlich.

Ich stieß einen Seufzer aus.

„Was ist Ihnen?“ sagte er.

„Wie schön doch das Leben ist!“ wiederholte ich.

Und wir versanken wieder in Schweigen, und von neuem empfand ich jene Unbehaglichkeit. Immer wieder ging es mir durch den Kopf, daß ich ihm wehgetan hatte, als ich zugab, daß er alt sei. Ich wollte ihm gar zu gern etwas Freundliches sagen, wußte jedoch nicht, wie ich es anfangen sollte.

„Nun, leben Sie wohl,“ sagte er und erhob sich – „meine Mutter erwartet mich zum Abendessen. Ich habe sie heute kaum einen Augenblick gesehen.“

„Und ich wollte Ihnen so gern die neue Sonate vorspielen,“ sagte ich.

„Ein andermal,“ sprach er – ziemlich kühl, wie es mir schien. „Leben Sie wohl!“

Noch deutlicher empfand ich es nun, daß ich ihn verletzt hatte, und er tat mir leid. Ich begleitete ihn mit Katja gemeinsam die Freitreppe hinunter, und dann blieben wir beide auf dem Hofe stehen und sahen ihm nach, bis er unseren Blicken entschwunden war. Als der Hufschlag seines

Pferdes verstummt war, begab ich mich auf die Terrasse zurück und schaute wieder sinnend in den Garten. Lange noch schaute ich in den tauigen Nebel, in dem die Laute der Nacht gleichsam hängen blieben, und die bunten Bilder meiner Phantasie zogen an meiner Seele vorüber.

Er kam ein zweites, ein drittes Mal zu uns, und das peinliche Gefühl, das jenes sonderbare Gespräch in mir erweckt hatte, schwand vollständig und kehrte nicht mehr wieder. Im Laufe des Sommers war er wohl zwei- oder dreimal in jeder Woche unser Gast, und ich gewöhnte mich so sehr an ihn, daß mir stets etwas fehlte, wenn er einmal längere Zeit ausblieb. Ich ward sogar allen Ernstes böse auf ihn und fand es sehr unrecht, daß er mich so allein ließ. Er verkehrte mit mir wie mit einem lieben jungen Kameraden, fragte mich aus, ließ mich offen alles aussprechen, was ich auf dem Herzen hatte, gab mir Ratschläge, munterte mich auf, schalt mich auch wohl zuweilen oder hielt mich gelegentlich von etwas zurück. Trotz all seines Bemühens jedoch, mit mir auf gleichem Fuße zu verkehren, hatte ich das Gefühl, daß hinter dem, was ich an ihm begriff, noch eine ganze mir fremde Welt vorhanden war, in die er mich keinen Einblick tun ließ, und das erhöhte meine Achtung vor ihm noch ganz besonders und zog mich zugleich zu ihm hin. Ich wußte von Katja und den Nachbarn, daß außer der Sorge um seine alte Mutter, mit der er zusammenlebte, außer seiner Wirtschaft und seinen Vormundschaftspflichten gegen uns ihn noch gewisse Angelegenheiten des Kreisadels in Anspruch nahmen, die ihm große Unannehmlichkeiten bereiteten; aber welche Auffassung er von diesen Dingen hatte, welche Überzeugungen, Pläne und Hoffnungen er hegte – darüber konnte ich nie etwas von ihm herausbekommen. Sobald ich das Gespräch auf diese Dinge lenkte, runzelte er auf seine ganz eigene Weise die Stirn, als wollte er sagen: „Bitte, reden wir nicht davon, was gehen Sie diese Geschichten an?" Und er lenkte das Gespräch sogleich auf etwas anderes. Anfangs fühlte ich mich durch dieses Verhalten ein wenig verletzt, mit der Zeit aber gewöhnte ich mich so sehr daran, daß wir immer nur von Dingen sprachen, die mich betrafen, und ich fand das schließlich ganz in der Ordnung.

Ein Umstand, der mir anfangs gleichfalls nicht gefiel, den ich jedoch später geradezu angenehm empfand, war, daß er gegen mein Äußeres völlig gleichgültig war, ja in dieser Beziehung sogar eine gewisse Geringschätzung an den Tag legte. Niemals spielte er auch nur mit einem Worte oder Blicke darauf an, daß ich schön sei, ja er wurde sogar ungehalten und ließ seinen Spott aus, wenn mich jemand in seiner Gegenwart hübsch fand. Er liebte es sogar, diesen und jenen Mangel an meinem Äußeren zu entdecken, und neckte mich damit. Die eleganten Kleider und Frisuren, mit denen Katja mich bei feierlichen Gelegenheiten zu schmücken liebte, veranlaßten ihn nur zu allerhand kritischen Bemerkungen, die der guten Katja großen Schmerz bereiteten und anfangs auch mir ziemlich peinlich waren. Katja, die es sich nicht ausreden ließ, daß er Gefallen an mir finde, konnte es nicht begreifen, daß ein Mann es mißbillige, wenn das Mädchen, das ihm gefiel, sich im besten Lichte zu zeigen suche. Ich begriff jedoch sehr bald, worauf es ihm ankam: er wünschte, daß ich nicht kokett sein möchte. Als ich mir hierüber klar war, verschwand aus meiner Kleidung, meiner Haartracht und meiner Art, mich zu bewegen, jeder Schatten von Koketterie; an ihre Stelle trat freilich eine andere Art von Koketterie: die Koketterie der Einfachheit, die zwar weniger auffällig war, aber zu meinem Alter, dem die Einfachheit noch gar nicht eigen sein konnte, in starkem Kontrast stand.

Ich wußte, daß er mich liebte; ob wie ein Kind oder wie ein Weib – danach fragte ich noch nicht. Diese Liebe war mir teuer, und da ich fühlte, daß er mich für das beste Mädchen auf der Welt hielt, so hegte ich den lebhaftesten Wunsch, ihn in dieser Täuschung zu erhalten. Ganz unwillkürlich täuschte ich ihn – aber indem ich ihn täuschte, wurde ich zugleich selbst besser. Ich fühlte, daß es mir besser anstand und meiner würdiger war, ihm die Vorzüge meiner Seele zu zeigen, als die meines Körpers. Mein Haar, meine Hände, mein Gesicht, meine Gewohnheiten, welcher Art sie auch sein mochten, ob gut oder schlecht, schien er gleichsam mit einem Blicke überschaut und richtig geschätzt zu haben, hier konnte ich nichts mehr hinzufügen, was er nicht schon kannte. Meine Seele dagegen kannte er nicht, weil sie eben zu jener Zeit noch wuchs und sich entwickelte – hier also konnte ich ihn noch täuschen und täuschte ihn wirklich. Wie erleichtert fühlte ich mich im Verkehr mit ihm, als ich erst zu dieser Erkenntnis gelangt war! Diese grundlose Befangenheit, dieser Zwang, den ich mir in allen Bewegungen hatte antun müssen, wich vollkommen von mir. Ich fühlte, daß, ob er mich von vorn oder von der Seite, sitzend oder stehend sah, ob ich das Haar nach oben oder nach der Seite gekämmt trug, er mich durch und durch kannte und mit mir so, wie ich vor ihm stand, vollkommen zufrieden war. Und wenn er mir, gegen seine Gewohnheit, plötzlich wie die andern gesagt hätte, daß ich ein hübsches Gesicht besitze, dann wäre mir dies, glaube ich, sogar recht peinlich gewesen. Welche Freude, welche Genugtuung empfand ich dagegen, wenn er nach irgendeiner Äußerung, die ich getan, mich aufmerksam ansah und mit bewegter Stimme, der er einen scherzenden Beiklang zu geben wußte, zu mir sagte:

„Ja, ja, in Ihnen steckt etwas ... Sie sind ein prächtiges Mädchen, das muß ich sagen."

Und wofür empfing ich damals dieses Lob, das mein Herz mit Stolz und Freude erfüllte? Das eine Mal dafür, daß ich sagte, ich fände die Liebe des alten Grigorij zu seiner Enkelin so rührend, dann wieder dafür, daß ich mich durch ein Gedicht oder einen Roman zu Tränen erschüttern ließ, und ein andermal dafür, daß ich die Kompositionen Mozarts denjenigen Schulhoffs vorzog. Ich wunderte mich selbst darüber, mit wie feinem Gefühl ich damals erriet, was gut war, und was man lieben müsse, obgleich ich noch gar nicht recht wußte, was gut und liebenswert war. Meine früheren Gewohnheiten und meine Geschmacksrichtung fanden nur in sehr beschränktem Maße seinen Beifall, und es bedurfte nur eines Blickes von ihm oder eines Zuckens seiner Braue, um mich merken zu lassen, daß ihm das, was ich sagen wollte, nicht gefiel; oder er brauchte nur die ihm eigene mitleidig-geringschätzige Miene aufzusetzen, um mich sogleich davon zu überzeugen, daß ich das nicht liebte, was ich soeben noch geliebt hatte. Wenn er mir einen Rat erteilen wollte, glaubte ich zuweilen schon im voraus zu wissen, was er sagen würde. Er befragte mich gleichsam, indem er mir in die Augen sah, und sein Blick weckte in mir eben den Gedanken, auf den es ihm gerade ankam. All mein Denken und Fühlen war damals gleichsam nicht mehr mein – statt dessen wurden seine Gedanken, seine Gefühle, ehe ich mich's versah, zu den meinigen, hielten ihren Einzug in mein Sein und Wesen und trugen Licht in meine Seele. Ganz unmerklich begann ich alles mit andern Augen zu sehen: Katja sowohl wie unsere Leute, und Sonja, und mich selbst und meine Beschäftigungen. Die Bücher, die ich früher nur gelesen hatte, um mir die Langeweile zu vertreiben, wurden mir plötzlich eine der schönsten Lebensfreuden; und alles nur darum, weil ich mit ihm über die Bücher sprach und sie mit ihm zusammen las und er sie mir brachte. Früher war die Beschäftigung mit Sonja, der Unterricht, den ich ihr gab, für mich eine schwere Aufgabe gewesen, zu deren Erfüllung ich mich aus bloßem Pflichtgefühl zwang; jetzt wohnte er häufig den Stunden bei, und es machte mir Freude, Sonjas Fortschritte zu beobachten. Ein Musikstück rasch hintereinander einzuüben, war mir früher unmöglich erschienen – jetzt, da ich wußte, daß er es hören und vielleicht loben würde, spielte ich dieselbe Stelle wohl vierzigmal hintereinander, daß die arme Katja sich zuletzt die Ohren mit Watte verstopfen mußte, während ich bei diesen Tonübungen durchaus keine Langeweile empfand. Dieselben alten Sonaten klangen, wenn ich sie jetzt spielte, ganz anders und jedenfalls weit schöner als früher. Selbst Katja, die ich doch kannte und liebte wie mich selbst, nahm in meinen Augen eine neue Gestalt an. Jetzt erst begriff ich, daß sie durchaus nicht verpflichtet war, uns Mutter, Freundin und Dienerin zu sein, wie sie es uns bisher gewesen. Ich begriff die ganze Selbstlosigkeit und Hingebung dieses liebreichen Wesens, begriff, wie sehr ich ihr verpflichtet war, und liebte sie noch mehr als bisher. Auch unsere Leute, die Bauern, das Hofgesinde, die Dienstmägde, lehrte er mich in ganz anderem Lichte schauen als bisher. So lächerlich es klingen mag, jedenfalls ist es Tatsache, daß ich bis in mein achtzehntes Jahr hinein mitten unter diesen Menschen lebte, ohne auch nur soviel von ihnen zu wissen, wie von irgendeinem fremden Volke, das ich nie gesehen. Nie war es mir beigekommen, daß diese Menschen ebenso lieben, ebenso Schmerz und Mitleid empfinden wie ich selbst. Unser Garten, unsere Wälder und Felder, die ich schon so lange kannte, erschienen mir plötzlich neu und schön. Wohl nicht ohne Absicht hatte er einmal geäußert, daß es im Leben nur ein einziges sicheres Glück gebe: für andere zu leben. Mir waren damals diese Worte etwas seltsam vorgekommen, und ich verstand sie nicht; doch der Sinn seiner Worte, die Überzeugung, daß sie die Wahrheit enthielten, fand, ohne mein Denken zu berühren, unmittelbar den Weg zu meinem Herzen. Er eröffnete mir ein ganzes Leben der Freuden und Genüsse in der Gegenwart, ohne irgend etwas an meinem Leben zu ändern oder zu einem Eindruck irgend etwas, außer dem Gedanken an seine Person, hinzuzufügen. Alles, was mich von Kindheit auf still und stumm umgeben hatte, erwachte plötzlich für mich zum Leben. Er brauchte nur zu erscheinen, und alles das begann zu reden, sprach um die Wette auf meine Seele ein und erfüllte sie mit Glück.

Gar oft ging ich in diesem Sommer in mein Zimmer hinauf und warf mich aufs Bett, und statt der früheren Frühlingssehnsucht, statt der Zukunftswünsche und Zukunftshoffnungen erfüllte mich jetzt die Unruhe eines echten, wirklichen Gegenwartglücks. Ich fand keinen Schlummer, stand auf, setzte mich zu Katja aufs Bett und sagte ihr, daß ich vollkommen glücklich sei, was ich, wie ich mich jetzt erinnere, ihr durchaus nicht hätte zu sagen brauchen, da sie es mir selbst vom Gesicht ablesen konnte. Sie aber sagte mir, daß auch ihr nichts fehle, daß auch sie sehr glücklich sei, und küßte mich. Ich glaubte es ihr – es schien mir so durchaus notwendig und gerecht, daß alle Menschen glücklich wären. Aber Katja vergaß über dem Glück auch den Schlaf nicht, und so trieb sie mich, indem sie sich zuweilen sogar böse stellte, von ihrem Bett fort und schlief ein; ich aber grübelte noch lange darüber, was mich eigentlich so beglückte. Mitunter stand ich auf und betete zum zweitenmal, betete mit meinen eigenen Worten, um Gott für all das Glück zu danken, das er mir gegeben.

Und es war still in meinem Zimmer; nur Katjas gleichmäßiges Atmen ließ sich vernehmen, und die Uhr neben ihrem Bette tickte, ich aber warf mich im Bett auf meinem Lager hin und her und flüsterte vor mich hin oder bekreuzte mich und küßte das Kreuz an meinem Halse. Die Türen waren zu, die Fensterläden geschlossen, eine Mücke oder Fliege schwebte summend in der Luft. Ich hätte dieses kleine Zimmer niemals verlassen mögen, hätte gewünscht, daß nie wieder der Morgen anbräche, nie diese Stimmung, diese wohlige Atmosphäre, die mich umgab, sich verflüchtigte. Meine Traumbilder, meine Gedanken und Gebete schienen mir lebende Wesen zu sein, die hier in diesem Dunkel mit mir zusammen lebten, die mein Bett umschwebten, mir zu Häupten standen. Und jeder dieser Gedanken war auch sein Gedanke, jedes Gefühl – sein Gefühl. Ich wußte damals noch nicht, daß das die Liebe ist – ich dachte, daß das immer so sein könne, daß dieses Gefühl uns von selbst, ohne Entgelt, gegeben wird.

3.

Eines Tages, zur Zeit der Roggenernte, war ich mit Katja und Sonja nach dem Mittagessen in den Garten gegangen. Wir hatten uns auf unsere Lieblingsbank gesetzt, im Schatten der Linden nahe der Schlucht, über die sich ein freier Ausblick auf die Wälder und Fluren vor uns öffnete. Sergjej Michajlowitsch war schon drei Tage nicht bei uns gewesen, und wir erwarteten ihn an jenem Nachmittage ganz bestimmt, zumal unser Verwalter gesagt hatte, daß er versprochen habe, aufs Feld zu kommen. In der zweiten Nachmittagsstunde sahen wir denn auch, wie er auf das Roggenfeld geritten kam. Katja ließ Pfirsiche und Kirschen kommen, die er sehr gern aß, sah mich dabei lächelnd an, streckte sich auf die Bank und schlummerte ein. Ich brach einen krummen, flachen Lindenzweig mit saftigen Blättern und saftiger Rinde, die mir die Hand netzte, vom Baume ab, fächelte Katja damit und fuhr fort zu lesen, wandte jedoch immer wieder die Augen vom Buche weg und blickte nach dem Feldweg, auf dem er kommen mußte. Sonja baute zwischen den Wurzeln einer alten Linde eine Laube für ihre Puppen. Der Tag war heiß und windstill, es war schwül, die Wolken ballten sich zusammen und wurden immer dunkler. Am Morgen schon hatte ein Gewitter gedroht, und ich war sehr aufgeregt gewesen, wie stets vor einem Gewitter. Am Nachmittag hatte jedoch das Gewölk sich wieder nach dem Horizont hin verzogen, die Sonne war am klaren Himmel emporgestiegen, und nur aus einer Richtung tönte zuweilen ein dumpfes Rollen, während über die finstere

Wolke am Horizont, die mit dem von den Feldern aufsteigenden Staube zu verschmelzen schien, von Zeit zu Zeit blasses Wetterleuchten im Zickzack niederzuckte. Es war sicher, daß, für uns wenigstens, an diesem Tage ein Gewitter nicht zu erwarten war. Auf dem Wege, der stellenweise jenseits des Gartens sichtbar war, fuhren unaufhörlich hoch mit Garben beladene Wagen langsam und knarrend daher, während die leeren Wagen, auf denen die Fuhrleute in ihren flatternden Hemden standen, ihnen in rasselndem Tempo entgegenfuhren. Der dichte, hoch aufgewirbelte Staub ward weder vom Winde fortgetragen, noch sank er zur Erde herab, sondern schwebte hinter der Hecke zwischen dem durchsichtigen Laub der Gartenbäume in der Luft. Weiterhin, vor der Scheune, ertönten dieselben Stimmen, dasselbe Knarren der Räder, und dieselben gelben Garben, die vorhin langsam am Zaune vorübergeschwebt waren, flogen dort hoch durch die Luft. Vor meinen Augen wuchsen runde Häuser empor, spitze Dächer formten sich über ihnen, und die Gestalten der Bauern wimmelten rings um sie. Weiter vorn auf dem staubigen Felde bewegten sich gleichfalls Wagen, sah man gleichfalls gelbe Garben, ertönten gleichfalls menschliche Stimmen, vermischt mit fröhlichen Liedern und dem Knarren der Wagen. Auf der einen Seite wurde das Erntefeld immer leerer und leerer, deutlich sah man die Streifen der mit Beifuß bewachsenen Raine. Rechts, weiter unten, erblickte man auf dem struppigen Stoppelfeld die grellen Kleider der Bäuerinnen, die, rasch die Arme bewegend und sich vorbeugend, das gemähte Korn in Garben banden und zu Mandeln zusammenstellten. Der Sommer vollzog gleichsam vor meinen Augen seinen Übergang zum Herbst. Staub und Hitze beherrschten alles, mit Ausnahme unseres Lieblingsplätzchens im Garten. Und in diesem Staube, dieser Hitze, mitten im heißen Sonnenbrande, tummelte sich plaudernd und lärmend überall das fleißige Volk der Bauern.

Auf unserer kühlen Bank aber schlief Katja leise schnarchend so süß unter ihrem weißen Batisttuch, und die schwarzen Kirschen glänzten so appetitlich auf dem Teller, und unsere Kleider waren so frisch und rein, und das Wasser in der Karaffe schimmerte so farbenprächtig in den sich brechenden Sonnenstrahlen, und mir selbst war so wohl, so wohl zumute. „Was soll ich tun?“ dachte ich – „bin ich schuld daran, daß ich glücklich bin? Doch mit wem soll ich mein Glück teilen? Wem soll ich mich selbst und all mein Glück widmen?“

Die Sonne war bereits hinter die Wipfel der Birkenallee gesunken, der Staub auf dem Felde senkte sich nach und nach, die Landschaft ward, zumal in der Ferne, in der seitlichen Beleuchtung klarer und heller, und die Wolken waren ganz verschwunden. Auf der offenen Tenne sah man hinter den Bäumen drei neue Getreideschober emporragen, von denen eben die Bauern hinunterkletterten; die Leiterwagen jagten unter lautem Geschrei, offenbar zum letztenmal, ins Feld. Die Bäuerinnen, mit den Harken auf den Schultern und den Strohseilen am Gurt, gingen laut singend nach Hause – Sergjej Michajlowitsch aber kam noch immer nicht, obwohl ich gesehen hatte, daß er schon längst die Anhöhe hinabgeritten war. Plötzlich wurde in der Allee, an einer Stelle, wo ich ihn am wenigsten erwartet hatte, seine Gestalt sichtbar – er war um die Schlucht herumgegangen. Mit frohem, strahlendem Gesichte kam er, den Hut in der Hand, raschen Schrittes auf mich zu. Als er sah, daß Katja schlief, biß er sich auf die Lippe, schloß die Augen und trat auf den Fußspitzen näher; ich sah sogleich, daß er sich in jener besonderen Stimmung natürlicher Lustigkeit befand, die ich so sehr an ihm liebte, und die wir als „himmelhoch jauchzend“ bezeichneten. Er war dann wie ein Schuljunge, der seinem Lehrer entlaufen war; sein ganzes Wesen, vom Scheitel bis zur Sohle, atmete Zufriedenheit, Glück und kindliche Ausgelassenheit.

„Guten Tag, mein junges Veilchen! Wie geht es Ihnen – gut?“ sprach er im Flüsterton, während er auf mich zutrat und mir die Hand reichte. „Mir geht es ausgezeichnet,“ antwortete er, als ich mich meinerseits nach seinem Befinden erkundigte. „Ich fühle mich heute so munter und frisch, als wenn ich erst dreizehn Jahre zählte. Ich möchte Pferdchen spielen und auf die Bäume klettern.“

„Himmelhoch jauchzend also?“ sagte ich, ihm in die lachenden Augen blickend, und ich fühlte, wie seine jauchzende Stimmung sich auch mir mitteilte.

„Ja," antwortete er, während er mir mit dem einen Auge zublinzelte und sein Lachen zurückzuhalten suchte. „Aber warum schlagen Sie denn Katerina Karlowna immer auf die Nase?"

Ich hatte gar nicht bemerkt, daß ich, während ich ihn ansah und immer noch mit dem Lindenzweig weiterfächelte, das Tuch von Katjas Gesicht abgestreift hatte und ihr nun mit den Blättern über die Wangen fuhr. Ich mußte lachen.

„Sie wird sagen, sie habe nicht geschlafen," fuhr ich flüsternd fort, als wollte ich Katjas Schlaf nicht stören; der wahre Grund jedoch, weshalb ich so ganz leise sprach, war, daß ich es angenehm empfand, so im Flüsterton mit ihm zu sprechen.

Er bewegte, mich nachahmend, die Lippen, als wollte er sagen, ich spreche schon gar zu leise, um noch verstanden zu werden. Als er den Teller mit den Kirschen erblickte, nahm er ihn mit dem Ausdruck der Heimlichkeit an sich, ging damit zu Sonja unter die Linde und setzte sich auf ihre Puppen. Sonja wurde anfangs böse, doch vertrug er sich bald wieder mit ihr, indem er ein Spiel arrangierte, das darauf hinauslief, daß sie beide um die Wette Kirschen aßen.

„Soll ich noch mehr Kirschen holen lassen – oder wollen Sie selbst welche pflücken?" fragte ich.

Er nahm den Teller und setzte die Puppen darauf, und dann gingen wir alle drei nach dem Kirschgarten. Sonja lief lachend hinter ihm her und zog ihn am Paletot, damit er ihr die Puppen zurückgäbe. Er gab sie ihr und wandte sich dann ernsthaft zu mir.

„Sie sind wirklich ganz wie ein Veilchen," sagte er zu mir, immer noch leise, obschon er nicht mehr zu fürchten brauchte, daß er jemanden wecken könnte. „Als ich nach all dem Staub, all der Hitze und Arbeit mich Ihnen näherte, da war es mir, als käme mir ein Veilchenduft entgegen. Und zwar nicht der Duft des starkriechenden Gartenveilchens, wissen Sie ... sondern jener des ersten, ganz dunklen Veilchens, das nach tauendem Schnee und jungem Frühlingsgrün riecht."

„Nun – und wie geht's in der Wirtschaft vorwärts? Alles flott im Gange?" fragte ich ihn, um die freudige Aufregung zu verbergen, in die seine Worte mich versetzt hatten.

„Ausgezeichnet! Diese Menschen sind vortrefflich. Je näher man sie kennenlernt, desto lieber werden sie einem."

„Ja," sagte ich – „eben noch, bevor Sie kamen, sah ich ihnen vom Garten aus bei der Arbeit zu, und ich fühlte plötzlich Gewissensbisse darüber, daß sie sich so abquälen müssen, während mir so wohl ist, daß ..."

„Kokettieren Sie mit diesen Gefühlen nicht, meine Liebe!" fiel er mir plötzlich ganz ernsthaft ins Wort, sah mir dabei jedoch freundlich in die Augen. „Das ist eine heilige Sache – Gott verhüte, daß Sie mit solchen Gedanken zu prahlen suchen!"

„Ich sage es auch nur Ihnen."

„Nun ja, ich weiß das. Aber unsere Kirschen?"

Der Kirschgarten war verschlossen, und von den Gärtnern war keiner anwesend, sie waren alle zur Arbeit aufs Feld hinaus. Sonja lief, um den Schlüssel zu holen, doch er wartete nicht, bis sie zurückkäme, sondern kletterte hinauf, hob das über die Bäume gespannte Netz auf und sprang nach der andern Seite hinüber.

„Reichen Sie mir, bitte, den Teller," erklang von drüben seine Stimme.

„Nein, ich möchte mit pflücken," sagte ich – „ich will den Schlüssel holen, Sonja wird ihn nicht finden ..."

In diesem Augenblick verspürte ich die Lust, zu sehen, was er dort tun, wie er sich benehmen würde, wenn er sich unbeobachtet glaubte. Es drängte mich förmlich, ihn jetzt nicht einen Augenblick aus den Augen zu lassen. Ich schlich auf den Zehen, der Brennesseln nicht achtend, nach der andern Seite, wo die Mauer niedriger war, stellte mich dort auf eine leere Tonne, daß mir die Mauer eben bis zur Brust reichte, und neigte mich vor. Ich überschaute das Innere des Kirschgartens mit seinen alten, ganz niedergebeugten Bäumen, an denen aus den breiten, am Rande gesägten Blättern die saftigen schwarzen Kirschen dicht und schwer hervorlugten. Ich schob den Kopf unter das Netz und erblickte Sergjej Michajlowitsch unter dem krummen Aste eines alten Kirschbaumes. Er war jedenfalls der Meinung, ich sei fortgegangen, und niemand könne ihn sehen. Er hatte den Hut abgenommen und die Augen geschlossen – und so saß er auf dem niedrigsten Astvorsprung des alten Kirschbaums und rollte bedächtig ein Stück Kirschharz zwischen seinen Fingern. Plötzlich zuckte er die Achseln, öffnete die Augen und sprach lächelnd irgendein Wort vor sich hin. So seltsam nahm sich dieses Wort und dieses Lächeln bei ihm aus, daß ich mich schämte, so dazustehen und ihn zu beobachten. Es war mir, als hätte dieses Wort „Mascha" gelautet. – „Nein, das kann nicht sein!" dachte ich. Doch noch einmal wiederholte er, zärtlicher noch und leiser: „Liebe Mascha!" Jetzt hatte ich die beiden Worte deutlich gehört. Mein Herz begann so heftig zu schlagen, und ich wurde so aufgeregt, und eine so jähe, gleichsam verbotene Freude ergriff mich plötzlich, daß ich mich mit beiden Händen an der Mauer festhalten mußte, um nicht herunterzufallen und ihm meine Anwesenheit zu verraten. Er hörte das Geräusch, das ich machte, wandte sich erschrocken um, senkte plötzlich die Augen und errötete über das ganze Gesicht wie ein Kind. Er wollte mir irgend etwas sagen, fand jedoch keine Worte und errötete nur immer und immer wieder. Er lächelte jedoch, als er mich jetzt ansah, und auch ich mußte lächeln. Sein ganzes Gesicht strahlte vor Freude. Das war nicht mehr der alte Onkel, der mich streichelte und mir gute Lehren gab, das war ein mir gleichstehender Mensch, der mich liebte und respektierte, und für den ich dasselbe empfand. Wir sprachen nicht und sahen einander nur an. Doch plötzlich zog ein Schatten über sein Gesicht, das Lächeln und der Glanz seiner Augen verschwand, und er wandte sich, als hätten wir eben etwas Böses getan, und als sei er schon wieder zur Besinnung gekommen und rate mir das gleiche, in väterlich kühlem Tone an mich.

„Steigen Sie lieber herunter, Sie könnten sich wehe tun," sagte er. „Und bringen Sie Ihr Haar in Ordnung – wie sehen Sie denn aus?"

„Warum verstellt er sich? Warum will er mir wehtun?" dachte ich unwillig. Und plötzlich überkam mich der unwiderstehliche Wunsch, ihn nochmals in Verlegenheit zu setzen und meine Macht über ihn zu erproben.

„Nein, ich will auch Kirschen pflücken,“ sagte ich, griff nach dem nächsten Aste und schwang mich auf die Mauer. Er hatte noch keine Zeit gefunden, mir behilflich zu sein, als ich bereits hinabgesprungen war und neben ihm stand.

„Was für Torheiten Sie doch aushecken!“ sprach er, von neuem errötend, indem er seine Verwirrung dadurch zu verbergen suchte, daß er sich ärgerlich stellte. „Sie hätten sich doch verletzen können! Und wie wollen Sie von hier wieder hinauskommen?“

Er war noch verwirrter als zuvor, doch nun freute ich mich nicht mehr über seine Verwirrung, sondern erschrak über sie. Sie teilte sich mir mit, und ich fühlte, wie ich errötete. Ich wich seinem Blicke aus, und da ich nicht wußte, was ich sagen sollte, begann ich eifrig Kirschen zu pflücken, die ich jedoch nirgends hinzutun wußte. Ich machte mir Vorwürfe, ich empfand Reue und Angst, und es war mir, als müsse ich mich durch mein Benehmen in seinen Augen für immer kompromittiert haben. Wir schwiegen beide, und gar beklommen war uns beiden ums Herz. Da kam Sonja mit dem Schlüssel angelaufen und befreite uns aus dieser peinlichen Lage. Lange noch vermieden wir es, miteinander zu sprechen, und wandten uns beide an Sonja. Als wir zu Katja zurückkehrten, die uns versicherte, sie habe gar nicht geschlafen und alles gehört, beruhigte ich mich wieder. Er versuchte von neuem, seinen gönnerhaft väterlichen Ton anzuschlagen, doch wollte es ihm nicht mehr damit gelingen, und ich ließ mich nicht täuschen.

Ich hatte noch recht lebhaft ein Gespräch in Erinnerung, das wenige Tage vorher zwischen uns stattgefunden hatte. Katja hatte behauptet, es sei für einen Mann leichter, zu lieben und seine Liebe zum Ausdruck zu bringen, als für eine Frau.

„Der Mann darf es sagen, daß er liebt, die Frau aber nicht,“ hatte sie behauptet.

„Und ich bin der Ansicht, daß ein Mann es nicht sagen darf noch kann, daß er liebt,“ war seine Antwort darauf.

„Warum denn nicht?“ hatte ich gefragt.

„Weil es stets eine Lüge sein wird. Ist es denn eine so wichtige Entdeckung, daß ein Mensch liebt? Als ob er das nur zu sagen brauchte, damit irgendwo eine Klappe hochgeht: schwapp – er liebt! Als ob, sobald nur dieses Wort über seine Lippen kommt, etwas ganz Ungewöhnliches, irgendein Wunder geschehen, aus allen Kanonen Salut geschossen werden müßte. Ich bin der Meinung,“ fuhr er fort, „daß Leute, die jene Worte: ›Ich liebe Sie‹ – so feierlich aussprechen, entweder sich selbst oder, was noch schlimmer ist, andere belügen.“

„Wie soll denn aber eine Frau erfahren, daß sie geliebt wird, wenn es ihr nicht gesagt wird?“ sagte Katja.

„Das weiß ich nicht,“ antwortete er. „Jeder Mensch hat da seine eigene Art zu reden. Ist wirklich ein Gefühl vorhanden, dann wird es schon irgendwie zum Ausdruck kommen. Wenn ich Romane lese, stelle ich mir immer vor, was für ein verblüfftes Gesicht solch ein Leutnant Strjelski oder solch ein Monsieur Alfred machen muß, wenn er sagt: ›Ich liebe dich, Eleonore!‹ – und wenn er dann meint, es würde plötzlich irgend etwas ganz Besonderes erfolgen, während doch in Wirklichkeit nichts geschieht, weder mit ihr noch mit ihm, und Augen und Nase und alles andere an ihnen ganz unverändert bleiben!“

Damals schon hatte ich das Gefühl gehabt, als berge sich hinter diesem Scherz ein ernsthafter Sinn, der auf mich Bezug habe, doch Katja litt es nicht, daß über Romanhelden so leichtfertig gesprochen würde, und meinte zu ihm:

„Sie müssen immer in Paradoxen reden! Sagen Sie einmal aufrichtig: haben Sie selbst nie zu einer Frau gesagt, daß Sie sie lieben?“

„Nein, niemals, und ich habe auch noch niemals vor einer Frau das Knie gebeugt,“ antwortete er lächelnd. „Auch in Zukunft denke ich es nie zu tun.“

„Er braucht es mir auch gar nicht zu sagen, daß er mich liebt," dachte ich jetzt, da ich mich dieses Gespräches erinnerte. „Er liebt mich, dessen bin ich sicher. Und alle seine Anstrengungen, gleichgültig zu erscheinen, können mir diese Überzeugung nicht nehmen."

An diesem ganzen Abend sprach er nur wenig mit mir, aus jedem Worte jedoch, das er an Katja oder Sonja richtete, aus jeder Bewegung und jedem Blick erkannte ich seine Liebe und zweifelte nicht mehr an ihr. Ich war nur darüber unwillig und betrübt, daß er es noch für nötig hielt, mir sein Gefühl zu verheimlichen und Kälte zu heucheln, während doch alles schon so klar war und wir auf so einfache Art so unendlich glücklich hätten sein können. Doch peinigte mich immer wieder die Erinnerung daran, daß ich zu ihm in den Kirschgarten hinabgesprungen war, als hätte ich damit ein Verbrechen begangen. Ich konnte den Gedanken nicht los werden, als müsse er nun aufhören, mich zu achten und mir sogar zürnen.

Nach dem Tee ging ich ans Klavier, und er folgte mir.

„Ja, spielen Sie etwas: ich habe Sie schon lange nicht gehört," sagte er, als er mich im Salon einholte.

„Ich wollte es eben tun ... Sergjej Michajlowitsch!" sagte ich und sah ihm plötzlich gerade in die Augen – „sind Sie mir böse?"

„Weshalb?" fragte er.

„Weil ich heute nachmittag nicht auf Sie gehört habe ..." sagte ich errötend.

Er verstand mich, schüttelte den Kopf und lächelte. Sein Blick schien mir sagen zu wollen, daß ich eigentlich wohl ein wenig Schelte verdient hätte, daß er jedoch nicht die Kraft besitze, mich zu schelten.

„Es ist also nichts weiter, nicht wahr, und wir sind wieder gute Freunde?" sagte ich, während ich mich ans Klavier setzte.

„Das sollt' ich doch meinen!" sagte er.

In dem großen, hohen Saale brannten nur zwei Kerzen auf dem Flügel, der übrige Raum lag im Halbdunkel. Durch das offene Fenster schaute die helle Sommernacht herein. Alles war still, nur Katjas Schritte ließen sich von Zeit zu Zeit im anstoßenden dunklen Zimmer vernehmen, und sein Pferd, das draußen vor dem Fenster angebunden stand, schnaubte zuweilen und trat mit den Hufen den dort wachsenden Lattich nieder. Er saß hinter mir, so daß ich ihn nicht sehen konnte; überall jedoch, im Halbdunkel dieses Zimmers, in den Tönen, in mir selbst, fühlte ich seine Gegenwart. Jeder seiner Blicke, jede Bewegung rührte gleichsam, obschon ich sie nicht sah, an meinem Herzen. Ich spielte die Phantasie-Sonate von Mozart, die er mir gebracht hatte, und die ich in seiner Gegenwart und für ihn eingeübt hatte. Ich dachte gar nicht an das, was ich spielte, doch glaubte ich gut zu spielen, und es schien, als wenn ihm mein Spiel gefalle. Ich empfand seine Freude mit, und ohne ihn zu sehen, fühlte ich doch, daß sein Blick auf mich gerichtet war. Während ich meine Finger unbewußt über die Tasten gleiten ließ, sah ich mich unwillkürlich nach ihm um. Sein Kopf hob sich vom Hintergrunde der hellen Sommernacht deutlich ab. Die Stirn auf die Hand gestützt, saß er da und sah mit den leuchtenden Augen unverwandt zu mir herüber. Ich lächelte, als ich seinen Blick bemerkte, und hörte auf zu spielen. Auch er lächelte und nickte mit dem Kopfe nach den Noten hin, als wollte er mir bedeuten, ich solle nur weiterspielen. Als ich zu Ende war, war der Mond hell leuchtend am Himmel emporgestiegen, und durch die Fenster drang, den schwachen Kerzenschein breit überflutend, ein zweites, silbernes Licht ins Zimmer.

Katja meinte, es sei unverzeihlich, daß ich gerade an der schönsten Stelle aufgehört hätte, und überhaupt sei mein Spiel schlecht gewesen; er aber sagte, ich hätte im Gegenteil nie so gut gespielt wie heute, und begann im Saal und in dem dunklen Empfangszimmer nebenan auf und ab zu gehen, wobei er jedesmal, wenn er an mir vorüberkam, mich ansah und lächelte. Und auch ich lächelte, ja ich hätte am liebsten ganz ohne alle Ursache laut aufgelacht – so glücklich war ich über alles das, was heute den ganzen Tag und auch in diesem Augenblick geschah. Sobald er im andern Zimmer verschwunden war, umarmte ich Katja, neben der ich am Flügel stand, und küßte sie auf das runde Kinn und den runden Hals, wohin ich sie immer am liebsten zu küssen pflegte; und wenn er dann wieder zu uns zurückkam, machte ich ein ernstes Gesicht und hielt mit Gewalt mein Lachen zurück.

„Was ist denn heute mit ihr?“ sagte Katja zu ihm.

Er aber gab keine Antwort und sah mich nur lächelnd an. Er wußte, was mit mir „war“.

„Sehen Sie doch, diese herrliche Nacht!“ rief er uns vom Empfangszimmer aus zu, während er in der nach dem Garten gehenden offenen Balkontür stand.

Wir gingen zu ihm hin, und in der Tat, es war eine Nacht, wie ich sie später niemals wieder gesehen habe. Der Vollmond stand hinter uns über dem Hause, so daß er nicht zu sehen war, und der halbe Schatten des Daches, der Säulen und der Markise über der Terrasse fiel schräg auf den sandbestreuten Gartenweg und den runden Rasenplatz. Alles andere ringsum war hell erleuchtet und von dem Silberglanze des Taues und des Mondlichts übergossen. Ein breiter, von Blumen eingefaßter Weg, auf den von der einen Seite her schräg die Schatten der an Stäbe gebundenen Georginen fielen, verlor sich wie ein schimmerndes, von kalten Kieseln gebildetes Band in der nebeligen Ferne. Hinter den Bäumen sah man das hell beschienene Dach der Orangerie, und von der Schlucht her stieg ein Nebel auf, der sich mehr und mehr verdichtete. Die schon ein wenig entlaubten Fliederbüsche waren bis auf die kleinsten Zweige erhellt. Deutlich ließen sich die einzelnen taufeuchten Blumen voneinander unterscheiden. In den Alleen flossen Schatten und Licht so ineinander, daß man in ihnen nicht mehr Bäume und Wege unterschied, sondern nur durchsichtige, hin und her schwankende, zitternde Häuser zu sehen meinte. Nach rechts hin, im Schatten des Hauses, war alles schwarz, unbestimmt, schaurig. Um so heller tauchte aus diesem Dunkel der seltsam phantastische Gipfel einer Pappel hervor, der in dem grellen Lichtmeer zu schweben und jeden Augenblick zum fernen, dunkelblauen Himmel entfliehen zu wollen schien.

„Kommen Sie, wir wollen ein wenig hinuntergehen,“ sagte ich.

Katja war einverstanden, doch meinte sie, ich müsse dann Galoschen anziehen.

„Wozu denn, Katja?“ versetzte ich. „Sergjej Michajlowitsch wird mir den Arm reichen.“

Als ob das irgend etwas damit zu tun gehabt hätte, daß ich trockene Füße behielt! In diesem Augenblick jedoch empfand keins von uns dreien den Widerspruch in meinen Worten. Er hatte mir noch niemals den Arm gereicht, jetzt aber nahm ich ihn selbst, und er fand das durchaus nicht sonderbar. Wir schritten zu dreien die Terrasse hinunter. Diese ganze Welt, dieser Himmel, dieser Garten, diese Luft waren nicht dieselben, die ich bisher gekannt hatte.

Als ich auf der Allee, auf der wir hinschritten, vorwärts schaute, war es mir, als ob man dort, in der Ferne, nicht weitergehen könne, als ob dort die Welt des Möglichen zu Ende sei, als ob alles dies so für immer in seiner Schönheit festgebannt bleiben müsse. Aber wir gingen weiter, und die Zauberwand der Schönheit teilte sich vor uns und ließ uns weiterschreiten, und nun war es mir, als ob auch dort, wie hier, nur unser alter, bekannter Garten mit seinen Bäumen und Wegen und seinem trockenen Laub sei. Und wir schritten auf den Wegen dahin und traten in die Licht- und Schattenkreise, und richtiges, trockenes Laub raschelte unter unseren Füßen, und ein frischer Zweig fuhr mir über das Gesicht. Und er war es wirklich, der da gleichmäßig und still neben mir herschritt und mich sorgsam am Arme führte, und auch die wirkliche Katja war es, die da mit den knarrenden Schuhen neben uns ging. Und das Licht dort oben am Himmel, das mußte wohl der Mond sein, der durch die regungslosen Zweige seinen hellen Schein auf uns niedersandte.

Doch bei jedem Schritt schloß sich hinter uns und vor uns wieder die Zauberwand, und ich verlor wieder den Glauben an alles das, was ich an Wirklichem ringsumher sah.

„Ach, ein Frosch!“ rief Katja plötzlich.

„Wer rief da? Und warum ...“ ging es mir durch den Kopf. Dann aber fiel es mir ein, daß es Katja sein müsse, die da rief, daß sie sich vor Fröschen fürchte, und ich blickte vor mich auf den Weg.

Ein kleiner Frosch machte gerade vor mir einen Satz und blieb dann still sitzen, und sein kleiner Schatten zeichnete sich deutlich auf dem hellen Lehm des Weges ab.

„Haben Sie auch Angst vor Fröschen?“ fragte er mich.

Ich blickte ihn an. An der Stelle der Lindenallee, die wir soeben passierten, fehlte ein Baum in der Reihe, und ich konnte das Gesicht meines Begleiters ganz deutlich sehen. Es war so schön und so glücklich ...

„Haben Sie auch Angst ...?“ hatte er gefragt, ich aber hörte aus seinen Worten nur heraus: „Ich liebe dich, mein teures Mädchen! Ich liebe, liebe dich!“ Und sein Blick und der Druck seiner Hand bestätigten mir diese Worte; und das Licht, der Schatten, die Luft, und alles, alles bestätigte sie mir.

Wir durchwanderten den ganzen Garten. Katja ging immer mit ihren kleinen Schritten neben uns her und holte schwer Atem, so müde war sie. Sie meinte, es sei Zeit, daß wir zurückkehrten, und sie tat mir herzlich leid, die Ärmste. „Warum kann sie nicht ebenso empfinden wie wir?“ dachte ich. „Warum sind nicht alle Menschen so jung und so glücklich, wie wir beide in dieser Nacht es sind?“

Wir kehrten in das Haus zurück, er aber nahm noch lange nicht Abschied von uns, obschon bereits die Hähne krähten, und alles im Hause schlief, und sein Pferd unter dem Fenster immer häufiger schnaubte und die Erde stampfte. Katja erinnerte uns nicht daran, daß es schon spät sei, und so saßen wir wohl bis gegen drei Uhr morgens beisammen und redeten von allen möglichen gleichgültigen Dingen, ohne zu merken, wie die Zeit verfloß. Die Hähne krähten bereits zum drittenmal, und der Morgen dämmerte schon, als er aufbrach. Er nahm ganz so wie sonst von uns Abschied und sagte nichts Besonderes; ich wußte jedoch, daß er vom heutigen Tage an mein war, und daß ich ihn nicht mehr verlieren würde.

Sobald ich mir ganz klar darüber war, daß ich ihn liebte, erzählte ich alles Katja. Sie war sehr erfreut und gerührt, aber sie konnte bei alledem in dieser Nacht doch schlafen, die Ärmste, während ich noch lange, lange auf der Terrasse auf und ab schritt, mir jedes seiner Worte, jede seiner Bewegungen ins Gedächtnis zurückrief und alle die Wege, auf denen ich an seinem Arme dahingeschritten war, noch einmal zurücklegte. Ich schloß in dieser ganzen Nacht kein Auge, und zum erstenmal in meinem Leben sah ich den Sonnenaufgang und den frühen Morgen. Niemals wieder habe ich später eine solche Nacht, einen solchen Morgen gesehen.

„Aber warum hat er mir nicht einfach gesagt, daß er mich liebt?" dachte ich. „Warum erfindet er alle möglichen Schwierigkeiten, will er durchaus ein Greis sein, während doch alles so einfach und schön ist? Warum verliert er die goldene Zeit, die vielleicht niemals wiederkommen wird? Er braucht doch nur zu sagen: ›Ich liebe dich,‹ braucht nur meine Hand zu ergreifen und seinen Kopf vorzuneigen und dies eine Wort auszusprechen: ›Ich liebe dich!‹ Er braucht nur errötend die Augen vor mir zu senken, und ich werde ihm dann alles, alles sagen. Oder nein, nichts werde ich ihm sagen – sondern umarmen werde ich ihn und mich an seine Brust schmiegen und in Tränen ausbrechen. Wie aber, wenn ich mich täusche, wenn er mich gar nicht liebt?" ging es mir plötzlich durch den Kopf.

Ich erschrak vor meinem eigenen Gefühl – Gott weiß, wohin es mich noch führen konnte – und es fiel mir ein, wie verwirrt wir beide waren, als ich dort im Kirschgarten plötzlich vor ihm von der Mauer hinabsprang, und es ward mir so bang, so bang zumute. Tränen traten mir in die Augen, und ich begann zu beten. Und ein seltsamer Gedanke kam mir plötzlich und senkte Ruhe und Hoffnung in mein Herz: ich beschloß, vom heutigen Tage an bis zu meinem Geburtstage zu fasten, an meinem Geburtstage das Abendmahl zu nehmen und an eben diesem Tage seine Braut zu werden.

Weshalb, wozu und auf welche Weise das geschehen sollte – darüber wußte ich nichts, doch glaubte und wußte ich von diesem Augenblick an, daß es geschehen würde.

Es war schon ganz hell geworden, und die Leute im Hofe erhoben sich bereits vom Schlaf, als ich in mein Zimmer zurückkehrte.

4.

Es waren die Fasttage vor Mariä Himmelfahrt, und so wunderte sich niemand weiter im Hause darüber, daß auch ich in dieser Zeit die Fasten einzuhalten wünschte.

Während dieser ganzen Woche besuchte uns Sergjej Michajlowitsch nicht ein einziges Mal, und ich empfand durchaus keine Unruhe, keinen Unwillen, keine Verwunderung darüber, ja ich war im Gegenteil froh, daß er nicht kam, und erwartete ihn erst wieder an meinem Geburtstage. Im Laufe dieser Woche stand ich täglich früh auf, und während für mich der Wagen angespannt wurde, ging ich allein im Garten spazieren, rief mir alle Sünden ins Gedächtnis zurück, die ich tags vorher begangen, und überlegte, wie ich es heute anzufangen hätte, um mit meinem Tagewerk zufrieden zu sein und jede Sünde zu vermeiden. Es erschien mir damals so leicht, ganz ohne Sünde zu sein – nur einiger Selbstzucht bedurfte es nach meiner Meinung, um dieses Ziel zu erreichen.

Der Wagen fuhr vor, und ich stieg mit Katja oder einem der Mädchen ein, um nach der drei Werst weit abliegenden Kirche zu fahren. Wenn ich die Kirche betrat, fiel es mir jedesmal ein, daß alle diejenigen, die in der rechten Furcht des Herrn die Kirche betreten hätten, vom Priester in sein Gebet eingeschlossen würden, und ich bemühte mich, wenn ich die beiden grasbewachsenen Stufen der Vorhalle betrat, eben diese Gottesfurcht in meinem Herzen zu haben. In der Kirche pflegten um jene Zeit höchstens ein Dutzend Menschen zu sein, Bäuerinnen oder Leute vom Hofgesinde, die sich durch den Kirchenbesuch zum Abendmahl vorbereiteten; ich bemühte mich, ihre Verbeugungen recht demütig zu erwidern, und ich trat, was mir als ein ganz besonderes Zeichen von Frömmigkeit erschien, selbst zu der Lade mit den Kerzen hin, um aus den Händen des alten Küsters, dem man den gedienten Soldaten ansah, einige Kerzen entgegenzunehmen und sie vor die heiligen Bilder zu stellen. Durch die Haupttür des Altarraums sah ich die Altardecke, die meine

Mutter gestickt hatte, über dem Heiligenschrein schwebten zwei Engel mit Sternen, die mir dereinst, als ich noch ganz klein war, so ungeheuer groß erschienen waren, und über ihnen breitete die Taube mit dem goldenen Strahlenkranz ihre Flügel aus, die meine Phantasie damals so lebhaft beschäftigt hatte. Hinter dem Chorgitter sah ich das mit Beulen bedeckte kupferne Taufbecken, über dem ich so oft die Kinder unserer Hofleute gehalten hatte, und über dem auch ich selbst getauft worden war. Der alte Priester erschien, in einem Meßgewande, das aus einem Bahrtuche vom Sarge meines Vaters gefertigt war, und verrichtete den Gottesdienst mit derselben Stimme, die mir, soweit ich zurückdenken konnte, von den gottesdienstlichen Feiern in unserem Hause, der Taufe Sonjas, der Trauerandacht am Sarge meines Vaters, der Seelenmesse am Sarge der Mutter, bekannt war. Und vom Chor herab ertönte dieselbe zitternde Stimme des Diakons, und dieselbe alte Frau, die ich schon immer, bei jedem Gottesdienst, in der Kirche gesehen, stand tiefgebeugt an der Wand, schaute mit den tränenden Augen nach dem einen Heiligenbilde am Chor, hielt die gefalteten Hände an das verschossene Tuch, das sie trug, und murmelte mit dem zahnlosen Munde irgend etwas vor sich hin.

Und alles dies war mir nicht nur interessant, weil es für mich durch die Erinnerung geweiht war, sondern erschien mir jetzt wahrhaft groß und heilig und voll tiefer Bedeutung. Ich lauschte auf jedes einzelne Wort des Gebets, das der Priester sprach, ich suchte ihm in meiner Seele einen Widerhall zu geben, und wenn ich es nicht verstand, so bat ich in Gedanken Gott, meinen Sinn zu erleuchten, oder ich machte mir, an Stelle des nicht verstandenen Gebetes, mein eigenes Gebet zurecht. Wenn die Bußgebete gesprochen wurden, gedachte ich meiner Vergangenheit, und diese unschuldige, kindliche Vergangenheit erschien mir so schwarz und sündhaft im Vergleich mit dem jetzigen, erleuchteten Zustande meiner Seele, daß ich Tränen vergoß und über mich selbst erschrak; zugleich aber fühlte ich, daß alles dies Vergebung finden werde, und daß, wenn ich noch viel mehr Sünden begangen hätte, die Reue für mich nur um so süßer und köstlicher sein würde. Als der Priester zum Schluß des

Gottesdienstes die Worte sprach: „Der Segen des Herrn ruhe auf euch“ – da war mir, als hätte dieser Segen in mir ein unmittelbares körperliches Wohlbehagen erzeugt. Licht und Wärme schienen plötzlich in mein Herz eingeströmt zu sein.

Der Gottesdienst war zu Ende, und der Geistliche kam zu mir und fragte mich, ob er nicht die Nachtmesse bei uns im Hause abhalten solle, und wann wir diese Hausandacht wünschten. Doch ich dankte ihm ehrerbietig für diesen frommen Dienst, den er, wie ich glaubte, nur um meinetwillen verrichten wollte, und ich sagte, daß ich selbst, zu Fuß oder zu Wagen, zur Nachtmesse in die Kirche kommen würde.

„Sie wollen sich selbst herbemühen?“ sagte er.

Und ich wußte nicht, was ich ihm antworten sollte, um nicht durch Hoffart zu sündigen.

Von der Kirche aus schickte ich, wenn nicht gerade Katja mitgekommen war, den Wagen gewöhnlich fort und kehrte allein zu Fuß nach Hause zurück. Unterwegs grüßte ich demütig alle, die mir begegneten, und nahm jede Gelegenheit wahr, zu helfen, zu raten, irgendein Opfer zu bringen, beim Anheben eines steckengebliebenen Wagens mit Hand anzulegen, ein weinendes Kind zu beruhigen, den andern den Weg freizugeben, und wenn ich dabei auch in den Schmutz treten mußte. Eines Abends hörte ich, wie der Verwalter in seinem Tagesbericht Katja Mitteilung davon machte, daß ein Bauer, Semjon mit Namen, um ein Brett zu einem Sarge für sein Töchterchen und um einen Rubel zur Bestreitung des Begräbnisses gebeten, und daß er, der Verwalter, ihm beides gegeben habe.

„Sind denn die Leute so arm?“ fragte ich.

„Sehr arm, gnädiges Fräulein, kein bißchen Salz haben sie im Hause,“ antwortete der Verwalter.

Es war mir, als ginge mir ein Stich durchs Herz, zugleich aber empfand ich eine freudige Rührung bei seinen Worten. Ich redete Katja vor, ich wolle spazieren gehen, eilte in mein Zimmer hinauf, nahm alles Geld, das ich besaß – es war nicht allzuviel – und ging, mich bekreuzend, allein die Terrasse hinab durch den Garten nach dem Dorfe, zu Semjons Häuschen. Es lag am Ende des Dorfes; von niemand gesehen, trat ich ans Fenster, legte das Geld auf das Fensterbrett und klopfte an die Scheibe. Eine Tür knarrte, irgend jemand trat heraus und rief mich an. Ich aber lief zitternd und frierend vor Schreck, wie eine Verbrecherin, nach Hause. Katja fragte mich, wo ich gewesen, und was denn mit mir sei, doch ich verstand ihre Worte nicht einmal und gab ihr keine Antwort. Alles erschien mir plötzlich so erbärmlich und nichtig. Ich schloß mich in meinem Zimmer ein und ging lange darin auf und ab, unfähig, irgend etwas zu tun oder zu denken oder mir von meinen Gefühlen Rechenschaft zu geben. Ich suchte mir die Freude auszumalen, die in Semjons Familie herrschen würde, suchte zu erraten, in welchen Ausdrücken sie den Spender der Gabe preisen würden, und ich bedauerte, daß ich es ihnen nicht selbst gegeben hatte. Ich dachte auch daran, was wohl Sergjej Michajlowitsch sagen würde, wenn er von meiner Tat erführe, und ich freute mich darüber, daß nie ein Mensch davon erfahren würde. Und eine solche Seligkeit erfüllte mich, und alle Menschen, ich selbst mit eingeschlossen, erschienen mir so gut, und ich sah mich selbst und alle andern in so mildem, warmem Lichte, daß selbst der Gedanke an den Tod, der in meiner Seele auftauchte, mir wie ein Glückstraum erschien. Ich lächelte, und ich betete, und ich weinte und liebte alle Menschen auf Erden, auch mich selbst, heiß und innig. Während des Gottesdienstes las ich das Evangelium, und immer verständlicher und klarer wurde mir dieses Buch, immer rührender und ergreifender und schlichter erschien mir die Geschichte dieses göttlichen Lebens, immer erhabener und unergründlicher die Tiefe des Fühlens und Denkens, die ich in seiner Lehre fand. Und wie einfach und klar erschien mir dann alles, wenn ich, von diesem Buche aufsehend, wieder Umschau hielt in dem Leben, das mich umgab, und mich in seine Erscheinungen vertiefte! Es kam mir so schwer vor, ein böses Leben zu führen, und so einfach, alle Menschen zu lieben und von ihnen geliebt zu werden. Alle waren so gut und so freundlich gegen mich; selbst Sonja, die ich noch immer unterrichtete, war ganz anders geworden und gab sich Mühe, mich zu verstehen, mir zu

Willen zu sein und mich nicht zu betrüben. Wie ich gegen alle war, so waren auch sie gegen mich. Ich sann nach, ob ich nicht vielleicht Feinde hätte, die ich vor der Beichte um Verzeihung bitten müßte, und ich erinnerte mich nur einer jungen Dame aus der Nachbarschaft, über die ich mich ein Jahr vorher in einer Gesellschaft lustig gemacht hatte, und die uns seither nicht mehr besuchte. Ich schrieb einen Brief an sie, bekannte mich darin schuldig und bat sie um Vergebung. Sie antwortete mir in einem Briefe, in dem sie selbst mich um Verzeihung bat und mir ihrerseits verzieh. Ich weinte vor Freude, als ich diese einfachen Zeilen las, in denen mir damals ein so tiefes, rührendes Gefühl zu liegen schien. Auch meine alte Kinderfrau weinte, als ich sie um Verzeihung bat. „Warum sind sie nur alle so gut gegen mich, womit habe ich eine solche Liebe verdient?" fragte ich mich. Und ich dachte unwillkürlich an Sergjej Michajlowitsch und verweilte in Gedanken lange bei ihm. Ich konnte nicht anders und hielt meine Gedanken auch nicht für sündhaft. Doch dachte ich jetzt in ganz anderer Weise an ihn als in jener Nacht, da ich zum erstenmal mir darüber klar geworden war, daß ich ihn liebte; ich dachte an ihn wie an mich selbst und verknüpfte unwillkürlich sein Bild mit jedem Gedanken an meine eigene Zukunft. Das beklemmende Gefühl, das ich immer noch in seiner Gegenwart gehabt, blieb, wenn ich jetzt an ihn dachte, gänzlich aus. Ich empfand nicht mehr seine Überlegenheit, ich fühlte mich ihm jetzt ebenbürtig und glaubte ihn von dem höheren Standpunkte, den ich in meiner neuen Seelenstimmung gewonnen, ganz zu verstehen. Was mir früher an ihm seltsam erschienen war, wurde mir jetzt völlig klar. Nun erst begriff ich den Sinn seiner Äußerung, daß alles Glück einzig darin bestehe, daß man für andere lebe, und ich war jetzt vollkommen seiner Meinung. Es schien mir, als würden wir beide, wenn wir unser Leben vereinten, eines unendlichen, ruhigen Glückes teilhaftig werden. Ich schwärmte nun nicht mehr von Reisen ins Ausland, von gesellschaftlichen Triumphen, von äußerem Glanz – ganz andere Dinge schwebten mir jetzt als Ideal vor: ein stilles Familienleben auf dem Lande, in stetiger Selbstaufopferung, in unwandelbarer Liebe zueinander und treuer Ergebenheit gegen eine gütige, hilfreiche Vorsehung.

Ich ging, wie ich es mir vorgenommen hatte, an meinem Geburtstage zum Abendmahl. Als ich an diesem Tage aus der Kirche heimkehrte, war mein Herz so übervoll von Glück, daß ich förmlich Angst hatte vor dem Leben, vor jedem neuen Eindruck, kurz vor allem, was jenes Glück stören könnte. Als wir eben aus dem Wagen stiegen und die Freitreppe hinaufschritten, ließ sich auf der Brücke das mir bekannte Gerassel eines Kabrioletts vernehmen, und ich erblickte Sergjej Michajlowitsch. Er beglückwünschte mich, und wir betraten zusammen das Empfangszimmer. Noch niemals, seit ich ihn kannte, hatte ich mich in seiner Gegenwart so ruhig und selbständig gefühlt wie an diesem Morgen. Ich glaubte zu fühlen, daß in mir eine ganze neue Welt lebte, die er nicht begriff, die höher stand als die seinige. Seine Gegenwart machte mich nicht im geringsten verlegen. Er mußte wohl den Grund davon erraten haben und legte mir gegenüber ein ganz besonderes Zartgefühl, eine fast andachtsvolle Rücksicht an den Tag. Ich war an das Klavier getreten, doch er schloß es zu und steckte den Schlüssel in die Tasche.

„Verderben Sie sich Ihre Stimmung nicht," sagte er – „in Ihrer Seele ist jetzt eine Musik, die weit herrlicher ist als sonst irgendeine in der Welt."

Ich war ihm für diese Worte dankbar, empfand es dabei jedoch ein wenig unangenehm, daß er gar so leicht und klar alles das begriff, was vor aller Welt als tiefstes Geheimnis meiner Seele bewahrt bleiben sollte. Als wir bei Tisch saßen, sagte er, er sei zwar gekommen, um mir Glück zu wünschen, zugleich aber, um Abschied zu nehmen, da er morgen nach Moskau reise. Er blickte bei diesen Worten auf Katja; dann aber streifte auch mich sein Blick, und ich bemerkte, daß er wohl auf meinem Gesichte irgendeine Erregung zu sehen erwartete. Doch ich war weder erstaunt noch beunruhigt, ja ich fragte nicht einmal, wie lange er fortbleiben würde. Ich wußte, daß er dies von selbst sagen würde, und ich wußte sogar, daß er überhaupt nicht abreisen würde. Wie ich zu diesem Wissen kam, kann ich mir jetzt durchaus nicht erklären; an jenem denkwürdigen Tage jedoch glaubte ich alles zu wissen, was war, und was sein würde. Ich schwebte gleichsam in einem glückseligen Traume, in dem alles, was nur irgend geschah oder noch geschehen konnte, mir als längst geschehen, als längst bekannt erschien.

Er wollte sogleich nach dem Mittagessen aufbrechen, aber er mußte doch von Katja, die sich müde gefühlt und unmittelbar nach Tisch zur Ruhe gelegt hatte, noch Abschied nehmen und darum ihr Erwachen abwarten. Im Saale schien die Sonne zu warm, und wir gingen auf die Terrasse. Kaum hatten wir hier Platz genommen, als ich sogleich vollkommen ruhig das Gespräch aufnahm, das über das Schicksal meiner Liebe entscheiden sollte. Nicht früher und nicht später begann ich zu reden, als in dem Augenblick, da wir uns gesetzt hatten, da noch nichts gesprochen war und die Unterhaltung noch keinen Ton angenommen hatte, der auf das, was ich sagen wollte, irgendwie hemmend hätte einwirken können. Ich begreife selbst nicht, woher mir jene Ruhe, jene Sicherheit und Bestimmtheit im Ausdrucke kam. Es war mir, als spräche ich nicht selbst, als spräche aus mir vielmehr irgendein Etwas, das von meinem Willen unabhängig war. Er saß, auf das Geländer gestützt, mir gegenüber, hatte einen Fliederzweig an sich gezogen und riß die Blätter davon ab. Als ich zu reden begann, ließ er den Zweig los und stützte den Kopf in die Hand. Es war die Haltung eines Mannes, der entweder vollkommen ruhig oder sehr erregt ist.

„Warum verreisen Sie?“ fragte ich in sehr bedeutsamem Tone und sah ihm dabei gerade in die Augen.

Er antwortete nicht sogleich.

„Geschäfte!“ sagte er dann und senkte die Augen.

Ich begriff, wie schwer es ihm wurde, auf eine Frage, die so aufrichtig und bündig gestellt worden war, mit einer Unwahrheit zu antworten.

„Hören Sie,“ sagte ich, „Sie wissen, was der heutige Tag für mich bedeutet. Er ist in mancherlei Beziehung für mich sehr wichtig. Wenn ich Ihnen diese Frage stelle, so geschieht es nicht, um Ihnen meine Teilnahme zu beweisen – Sie wissen, daß ich mich an Sie gewöhnt habe und Sie liebe – ich frage darum, weil ich es wissen muß … Warum reisen Sie?“

„Es ist recht schwer für mich, Ihnen die Wahrheit zu sagen, warum ich eigentlich reise," sagte er. „Ich habe in dieser Woche viel über Sie und über mich selbst nachgedacht und bin zu dem Ergebnis gelangt, daß ich reisen muß. Sie begreifen, warum, und wenn Sie mich lieb haben, dann werden Sie mich nicht weiter ausfragen." Er fuhr sich mit der Hand über die Stirn und legte sie dann über die Augen. „Es wäre mir peinlich ... Sie werden mich verstehen."

Mein Herz begann heftig zu schlagen.

„Nein, ich kann es nicht verstehen," sagte ich. „Sagen Sie es mir – um Gottes willen, um des heutigen Tages willen sagen Sie es – ich kann alles ruhig anhören."

Er veränderte seine Haltung, sah mich an und zog wieder den Fliederzweig an sich.

„Übrigens," sagte er, nachdem er ein Weilchen geschwiegen hatte, in einem Tone, den er vergeblich ruhig und fest erscheinen lassen wollte – „wenn es auch töricht, ja unmöglich ist, es mit Worten auszudrücken, wenn es mir auch noch so schwer wird, so will ich es Ihnen doch klar zu machen suchen," fügte er hinzu und runzelte dabei die Stirn, als wenn er einen körperlichen Schmerz empfände.

„Nun?" sagte ich.

„Stellen Sie sich vor," begann er, „es hätte da so irgendeinen Herrn X. gegeben, einen alten Mann, der das Leben schon hinter sich hatte, und ein junges, harmlos glückliches Fräulein Y., das von der Welt und den Menschen noch nichts wußte. Gewisse Beziehungen zwischen den Familien beider fügten es so, daß er das junge Mädchen wie eine Tochter liebgewann, ohne daß er befürchtete, er könnte sie auch noch auf eine andere Art lieben lernen."

Er hielt ein, doch unterbrach ich ihn nicht.

„Er hatte jedoch vergessen, daß Fräulein Y. noch sehr jung und das Leben ihr noch ein Spiel war," fuhr er plötzlich in raschem, entschiedenem Tone fort, ohne mich anzusehen. „Er hatte vergessen, daß es nicht schwer war, sich auch noch auf andere Art in sie zu verlieben, was ihr möglicherweise viel Spaß machte. Er hatte sich über seine Selbstsicherheit getäuscht und fühlte plötzlich, daß ein anderes Gefühl, dumpf quälend wie die Reue, sich in seine Seele einschlich, und er erschrak. Er begann zu fürchten, daß seine alten freundschaftlichen Beziehungen zu ihr zerstört werden könnten, und er beschloß abzureisen, bevor diese Beziehungen noch zerstört wären." Bei diesen Worten fuhr er sich wieder wie von ungefähr mit der Hand über die Augen und ließ sie darauf ruhen.

„Und warum fürchtete er sich denn, sie auf andere Art liebzugewinnen?" sagte ich kaum vernehmlich, doch mit gleichmäßiger Stimme, während ich meine Erregung zu unterdrücken suchte. Es schien jedoch, als habe er einen scherzenden Ton aus meinen Worten herausgehört, und es lag eine gewisse Gereiztheit in dem, was er weiter sagte.

„Sie sind jung," sprach er, „ich aber bin es nicht. Sie möchten noch spielen, ich aber verlange etwas anderes. Spielen Sie immerhin, doch nicht mit mir, denn ich nehme die Dinge ernst und würde davon nur schweres Leid haben, Sie aber würden es später bereuen. So sprach Herr X. zu der jungen Dame," fügte er hinzu. „Nun, das ist alles dummes Zeug – aber Sie werden jetzt verstehen, warum ich abreise. Sprechen wir, bitte, nicht weiter davon!"

„Doch, doch, wir wollen davon sprechen!" rief ich, und Tränen erzitterten in meiner Stimme. „Liebte er sie, oder liebte er sie nicht?"

Er antwortete nicht.

„Wenn er sie nicht liebte – warum spielte er dann mit ihr wie mit einem Kinde?" sagte ich.

„Ja, ja, er war schuldig, dieser Herr X.," antwortete er, mich hastig unterbrechend – „doch die Sache nahm ein Ende, und sie schieden ... als gute Freunde."

„Aber das ist ja entsetzlich! Und es gibt keine andere Lösung? ..." sprach ich kaum hörbar und erschrak über meine eigenen Worte.

„Ja, es gibt noch eine andere Lösung," sagte er, während er die Hand von seinem erregten Gesicht nahm und mir gerade in die Augen blickte – „oder vielmehr es gibt noch zwei andere Lösungen. Nur unterbrechen Sie mich um Gottes willen nicht und hören Sie mich ruhig an. Die einen sagen," fuhr er, während er sich mit einem schmerzlichen Lächeln erhob, in seiner Rede fort – „die einen sagen, Herr X. habe den Verstand verloren, habe sich bis über die Ohren in Fräulein Y. verliebt und ihr seine Liebe gestanden – sie aber habe nur gelacht, für sie war das alles nur eine Spielerei gewesen, während es sich für ihn um die entscheidende Lebensfrage handelte."

Ich zuckte zusammen und wollte ihm ins Wort fallen, wollte ihm sagen, daß er es nicht wagen dürfe, mir solche Motive unterzuschieben, doch er ließ mich nicht reden und legte seine Hand auf die meinige.

„Warten Sie," sprach er mit bebender Stimme. „Die andern sagen, sie habe sich seiner erbarmt, habe sich in ihrer Unkenntnis von Welt und Menschen eingebildet, sie könne ihn wirklich liebgewinnen, die Ärmste, und habe eingewilligt, sein Weib zu werden. Und er, der Wahnsinnige, habe wirklich geglaubt, sein Leben könne noch einmal von vorn beginnen – doch da habe sie selbst eingesehen, daß sie ihn und er sie getäuscht habe ... Lassen Sie uns nicht weiter davon reden," schloß er, offenbar außerstande, noch weiter zu sprechen, und begann schweigend vor mir auf und ab zu gehen.

„Lassen Sie uns nicht davon reden," hatte er gesagt, doch ich sah, daß er aus innerster Seele eine Antwort von mir erwartete. Ich wollte sprechen, vermochte es jedoch nicht – es war mir, als schnüre mir etwas die Brust zusammen. Ich sah ihn an: er war bleich, seine Unterlippe zuckte, und ich fühlte das tiefste Mitleid mit ihm. Ich suchte krampfhaft nach Worten, durchbrach plötzlich den Bann des Schweigens, der auf mir lag, und begann mit leiser, verhaltener Stimme, immerzu fürchtend, daß ich ins Stocken geraten müsse, zu ihm zu reden.

„Und noch eine dritte Möglichkeit gibt es," sagte ich und hielt, seine Gegenrede erwartend, ein. Doch er sagte nichts, und so fuhr ich fort:

„Diese dritte Möglichkeit ist, daß er sie gar nicht liebte und sie tief, tief unglücklich machte, und daß er dann, in der Meinung, im vollen Rechte zu sein, abreiste und noch stolz war auf sein Verhalten. Ihnen, nicht mir, war das alles eine Spielerei – ich habe Sie vom ersten Tage an geliebt, ja, geliebt!" rief ich aus, und bei diesem Worte ›geliebt‹ ging meine Stimme unwillkürlich aus dem leisen, verhaltenen Tone in einen wilden Schrei über, der mich selbst erschreckte.

Mit bleichem Gesichte stand er vor mir, seine Lippen bebten immer heftiger, und zwei Tränen traten auf seine Wangen.

„Das war schlecht!" stieß ich fast schreiend hervor und hatte das Gefühl, als müsse ich an den unterdrückten Zornestränen ersticken. „Warum das?" rief ich und wollte mich erheben, um ihn zu verlassen.

Doch er hielt mich zurück. Sein Kopf lag auf meinen Knien, seine Lippen küßten meine noch bebenden Hände, und seine Tränen benetzten sie.

„Mein Gott, wenn ich das gewußt hätte!" sprach er vor sich hin.

„Warum das, warum das?" wiederholte ich immer wieder, während meine Seele unsagbares Glück erfüllte.

Fünf Minuten später lief Sonja zu Katja hinauf und schrie so laut, daß es im ganzen Hause widerhallte, Mascha wolle sich mit Sergjej Michajlowitsch verheiraten.

5.

Es lag kein Grund vor, unsere Hochzeit hinauszuschieben, und weder er noch ich wünschte es. Katja wäre allerdings am liebsten erst nach Moskau gefahren, um Einkäufe und Bestellungen für die Aussteuer zu machen, und seine Mutter hatte verlangt, daß er noch vor der Hochzeit eine neue Equipage und neue Möbel anschaffen und das ganze Haus neu tapezieren lassen solle, doch wir bestanden beide darauf, daß alles das nach der Hochzeit geschehen solle, wenn es schon durchaus geschehen müßte. Die Hochzeit sollte zwei Wochen nach meinem Geburtstage stattfinden, ganz in aller Stille, ohne Herrichtung der Aussteuer, ohne Gäste, ohne Brautjungfern, Festmahl, Champagner und all die üblichen Zutaten. Er erzählte mir, wie unzufrieden seine Mutter darüber sei, daß die Hochzeit ohne Musik, ohne all die Berge von Kisten, ohne Umwälzung des ganzen Hauswesens gefeiert werden solle, nicht so wie ihre Hochzeit, die dreißigtausend Rubel gekostet habe, und wie sie mit höchst wichtiger Miene in aller Heimlichkeit sämtliche Koffer der Vorratskammer durchwühle, um unter Assistenz der Wirtschafterin Marjuschka alle möglichen Teppiche, Gardinen und Teebretter zusammenzusuchen, die nach ihrer Meinung für unser Glück unentbehrlich seien. In unserem Hause gab sich Katja, unterstützt von der Kinderfrau Kusminischna, einer ähnlichen Beschäftigung hin, und sie verbat sich jede scherzende Bemerkung darüber. Sie war fest überzeugt davon, daß wir, wenn wir von unserer Zukunft redeten, nur an Zärtlichkeiten und verliebte Possen dachten, wie dies nun einmal bei Leuten in unserer Lage üblich sei, daß jedoch in Wirklichkeit unser Glück nur vom richtigen Zuschnitt der Leibwäsche und vom sauberen Einsäumen der Tischtücher und Servietten abhänge. Zwischen Pokrowskoje und Nikolskoje gingen mehrmals am Tage geheime Nachrichten darüber hin und her, was hier oder dort vorbereitet würde, und obschon zwischen Katja und seiner Mutter äußerlich die herzlichsten Beziehungen bestanden, spürte man doch auch eine gewisse feine, nicht ganz eines feindseligen Anstrichs entbehrende Diplomatie heraus.

Tatjana Semjonowna, seine Mutter, deren nähere Bekanntschaft ich jetzt machte, war eine pedantische, strenge Hausfrau und lebte ganz in den Überlieferungen der alten Zeit. Er liebte sie nicht nur als Sohn aus Pflichtgefühl, sondern auch als Mensch aus herzlicher Zuneigung und hielt sie für die beste, verständigste und liebevollste Frau in der Welt. Tatjana Semjonowna war immer gut gegen uns, namentlich gegen mich, und sie freute sich darüber, daß ihr Sohn sich verheiratete; als ich jedoch ihr meine Antrittsvisite als Braut machte, hatte ich den Eindruck, als wolle sie mir zu verstehen geben, daß ich nicht gerade die beste Partie für ihren Sohn sei, und daß ich dies nur immer im Auge behalten solle. Und ich verstand sie, war vollkommen ihrer Meinung und stimmte ihr bei.

Während dieser letzten beiden Wochen sahen wir einander jeden Tag. Er kam zum Essen zu uns und blieb bis Mitternacht. Aber obschon er sagte, daß er ohne mich nicht leben könne, was ich ihm aufs Wort glaubte, brachte er doch niemals einen ganzen Tag in meiner Gesellschaft zu und beschäftigte sich nach wie vor mit seinen wirtschaftlichen Angelegenheiten. Unsere Beziehungen blieben bis zum Hochzeitstage selbst ganz so, wie sie bisher gewesen waren, wir sprachen uns gegenseitig mit „Sie" an, er küßte mir nicht einmal die Hand und suchte nicht nur keine Gelegenheit, mit mir allein zu sein, sondern schien sie sogar absichtlich zu meiden. Es schien, als fürchte er, er könnte sich allzusehr jener großen Zärtlichkeit hingeben, die seinem Wesen eigen war. Ich weiß nicht, ob mit ihm oder mit mir eine Wandlung vorgegangen war, ich fühlte mich ihm indes jetzt vollkommen ebenbürtig, bemerkte an ihm nicht mehr jene gemachte Einfachheit, die mir früher an ihm so mißfallen hatte, und sah häufig in ihm mit herzlicher Freude nicht den Achtung und Furcht einflößenden Mann, sondern den zärtlichen, ganz in seinem Glücksgefühl aufgehenden Knaben.

„Das also ist's, was in ihm steckte!" dachte ich oft. „Er ist also gerade so ein Mensch wie auch ich, und nichts weiter!"

Ich glaubte ihn nun genau zu kennen und sein Wesen zu durchschauen. Und alles, was ich an ihm kennen gelernt hatte, war so echt und einfach und stand mit meinem eigenen Wesen so im Einklang. Selbst die Pläne, die er für unser zukünftiges Zusammenleben entworfen hatte, stimmten ganz mit meinen eigenen Plänen überein, nur daß sie in seiner Darstellung klarer und schöner erschienen.

Das Wetter war in diesen Tagen regnerisch, und wir brachten unsere Zeit zum größten Teil im Zimmer zu. Die schönsten, innigsten Gespräche fanden im Winkel zwischen dem Flügel und dem Fenster statt. In dem schwarzen Fenster spiegelte sich aus nächster Nähe das Licht der Kerzen, und draußen prasselte der Regen gegen die glänzenden Scheiben und floß an ihnen herab. Auf dem Dache hörte man das Trommeln der Tropfen, von der Pfütze vernahm man ein Klatschen und Rieseln, und ein feuchter

Hauch ging von dem Fenster aus. Unser Winkel aber schien uns nur noch lauschiger, heller und wärmer.

„Ich wollte mit Ihnen übrigens schon längst über etwas reden," sagte er einmal, als wir noch spät am Abend allein in diesem Winkel saßen und plauderten. „Ich habe die ganze Zeit, während Sie spielten, darüber nachgedacht."

„Sagen Sie mir nichts, ich weiß alles," sagte ich.

„Ja, Sie haben recht, wir wollen nicht davon reden."

„Oder nein, sagen Sie es mir doch lieber!" versetzte ich.

„Gut also. Erinnern Sie sich noch der Geschichte von Herrn X. und Fräulein Y., die ich Ihnen einmal erzählte?"

„Gewiß erinnere ich mich ihrer, der törichten Geschichte! Es ist nur gut, daß sie dieses Ende nahm ..."

„Ja, noch ein Schritt weiter, und ich hätte selbst mein eigenes Glück zerstört. Sie haben mich gerettet. Aber die Hauptsache ist, daß alles, was ich damals sagte, Lüge war, und das bedrückt mich jetzt, und ich möchte die Sache jetzt zu Ende erzählen."

„Oh, bitte, tun Sie es nicht!"

„Haben Sie keine Angst," sagte er lächelnd. „Ich möchte mich nur rechtfertigen. Als ich damals zu reden begann, hatte ich es eigentlich auf einen Disput abgesehen."

„Warum auf einen Disput?" sagte ich. „Man soll nie ohne Not disputieren."

„Ich habe mich auch nicht gerade als Meister darin erwiesen. Als ich jetzt nach all den Enttäuschungen, die ich erlitten, all den Fehlern, die ich im Leben begangen, hierher aufs Land kam, war ich mit mir selbst darüber einig, daß es mit der Liebe für mich aus sei, daß mir keine andere Pflicht mehr übrig bleibe, als in Ehren grau zu werden, und daß ich mir über das Gefühl, das ich für Sie hegte, und seine möglichen Konsequenzen doch recht wenig klar war. Ich hoffte und hoffte nicht, bald schien es mir, daß

Sie nur kokettierten, bald faßte ich wieder Vertrauen, und schließlich wußte ich selbst nicht, was ich tun würde. Doch nach jenem Abend, an dem wir den nächtlichen Gang durch den Garten machten – Sie erinnern sich? – durchfuhr mich ein Schreck: mein Glück schien mir gar zu groß, ja unmöglich. Was wäre nun geschehen, wenn ich zu hoffen gewagt hätte, und schließlich doch gesehen hätte, daß es umsonst sei? Ich dachte natürlich dabei nur an mich selbst, weil ich nämlich ein ganz abscheulicher Egoist bin ..."

Er schwieg ein Weilchen und sah mich an.

„Nun, schließlich war es ja auch nicht lauter Unsinn, was ich damals vorgebracht habe. Ich hatte ja auch alle Ursache, mich zu fürchten. Ich empfange so viel von Ihnen und kann nur so wenig geben. Sie sind noch ein Kind, eine Knospe, die sich erst noch öffnen soll, Sie lieben zum erstenmal, und ich ..."

„Ja, sagen Sie mir aufrichtig ..." sagte ich, doch plötzlich ward mir vor seiner Antwort bange. „Nein, es ist nicht nötig, lassen Sie es lieber," fügte ich hinzu.

„Sie wollen wissen, ob ich früher schon geliebt habe?" sagte er, meine Gedanken sogleich erratend. „Darauf kann ich Ihnen antworten: nein, ich habe noch nicht geliebt. Ich habe niemals etwas empfunden, das nur im geringsten meinem jetzigen Gefühle geglichen hätte ..."

Doch plötzlich war es, als ob eine schmerzliche Erinnerung in seiner Vorstellung auftauche. „Ja – und so mußte ich denn wissen, wie es um Ihr Herz stand, damit ich ein Recht hätte, Sie zu lieben," fuhr er in schwermütigem Tone fort. „Hieß es da nicht sehr eingehend überlegen, bevor ich Ihnen sagte, daß ich Sie liebe? Was biete ich Ihnen? Meine Liebe, gewiß ..."

„Ist das so wenig?" sagte ich, während ich ihm in die Augen sah.

„Ja, meine liebe Freundin, es ist wenig, sehr wenig für Sie," fuhr er fort. „Sie prangen in Jugend und Schönheit! Ich verbringe meine Nächte jetzt oft schlaflos vor lauter Glück und denke nur immer daran, wie wir zusammen leben werden. Ich habe viel erlebt, und ich glaube, daß ich jetzt das gefunden habe, was zum Glücke erforderlich ist: ein stilles, zurückgezogenes Leben in unserer ländlichen Einsamkeit, mit der Möglichkeit, den Menschen hier Gutes zu tun, denen man so leicht Gutes tun kann, da sie nicht daran gewöhnt sind; ferner die Arbeit – solche Arbeit, die Nutzen zu bringen scheint; dann die Erholung, die Natur, die Bücher, die Musik, die Liebe zu einigen Menschen, die uns teuer sind – das war mein Traum vom Glück, über den ich nicht hinauszudenken wagte. Und nun habe ich zu alledem noch eine Herzensfreundin wie Sie gewonnen, und vielleicht kommt auch noch eine Familie hinzu und alles, was nur irgend der Mensch sich wünschen kann."

„Ja," sagte ich.

„Für mich, der ich meine Jugend hinter mir habe, mag das reichlich genügen – aber nicht für Sie!" fuhr er fort. „Sie haben noch nicht gelebt, Sie werden das Glück vielleicht noch nach anderer Richtung hin suchen wollen und möglicherweise auch finden. Ihnen mag das jetzt als Glück erscheinen, weil Sie mich lieben ..."

„Ich habe mir immer nur dieses stille Familienleben gewünscht," sagte ich – „und Sie haben nur ausgesprochen, was ich selbst schon gedacht habe."

Er lächelte.

„Das scheint Ihnen nur so, meine Freundin – es wird Ihnen nicht genügen, Sie sind schön und jung ..." wiederholte er nachdenklich.

Ich war ärgerlich darüber, daß er mir nicht glauben wollte und mir, wie ich meinte, meine Schönheit und Jugend zum Vorwurf machte.

„Um wessentwillen lieben Sie mich also?" sagte ich gereizt – „um meiner Jugend oder um meiner selbst willen?"

„Ich weiß es nicht, doch ich liebe Sie," antwortete er und sah mich mit seinem eindringlichen, fesselnden Blicke an.

Ich antwortete nicht und sah ihm unwillkürlich in die Augen. Und plötzlich ging etwas Seltsames mit mir vor: meine ganze Umgebung wurde unsichtbar für mich, dann verschwand auch sein Gesicht vor mir, bis auf seine Augen, die dicht vor den meinigen strahlten, dann schien es mir, als drängen diese Augen in mich ein, alles verwirrte sich in meiner Vorstellung, ich sah nichts mehr und mußte die Augen halb schließen, um mich der Empfindung des Entzückens und Schreckens zu entreißen, die dieser Blick in mir wachgerufen hatte ...

Am Tage vor der Trauung heiterte sich gegen Abend das Wetter auf, und nach der Regenzeit, die den Sommer abschloß, erschien der erste helle, kühle, blinkende Herbstabend. Alles war feucht, kalt und klar, und im Garten bot sich uns zum erstenmal das durchsichtige, bunte, kahle Bild des Herbstes. Der Himmel war klar, kalt und bleich. Ich begab mich zur Ruhe, glücklich in dem Gedanken, daß morgen, an unserem Hochzeitstage, schönes Wetter sein würde. Am nächsten Morgen erwachte ich schon bei Sonnenaufgang, und der Gedanke, daß es heute schön sei, erschreckte mich und rief zugleich mein Erstaunen hervor. Ich ging in den Garten hinaus. Die Sonne war soeben aufgegangen und sandte ihre Strahlen durch die schon stark entlaubten gelben Linden der Allee. Der Weg war mit raschelnden Blättern bedeckt. Die eingeschrumpften grellroten Trauben der Eberesche schimmerten zwischen den wenigen welken, vom Frost zerknüllten Blättern; die Georginen waren runzelig und schwarz geworden. Silbern glänzender Nachtreif lag zum erstenmal auf dem bleichen Rasen und den zertretenen Lattichbeeten am Hause. Nicht eine Wolke schwebte an dem klaren, kalten Himmel.

„Heut also ist's?“ fragte ich mich selbst und konnte an mein Glück nicht glauben. „Und morgen schon werde ich nicht mehr hier, sondern in jenem mir fremden Hause mit den Säulen in Nikolskoje erwachen? Ich werde ihn nicht mehr hier erwarten und ihm entgegengehen, nicht mehr am Abend und in der Nacht mit Katja von ihm sprechen, nicht mehr hier in Pokrowskoje vor dem Klavier im Saale mit ihm plaudern, nicht mehr ihm das Geleit geben und mich um ihn ängstigen, wenn er so in die dunkle Nacht hinausreitet?“ Es fiel mir ein, daß er gestern gesagt hatte, er sei nun zum letzten Male herübergekommen, und daß dann Katja mich das Brautkleid anprobieren ließ und dabei sagte: „für die morgige Feier.“ Da mußte ich's doch wohl glauben, daß es heute sei, wenn auch immer wieder der Zweifel sich einschlich. „Ich werde also vom heutigen Tage an dort mit meiner Schwiegermutter zusammenleben, ohne meine Nadjoscha, ohne den alten Grigorij, ohne Katja? Ich werde nicht mehr beim Schlafengehen meine alte Kinderfrau küssen, nicht mehr, wie ich es von Kindheit an gewöhnt bin, mich von ihr bekreuzen lassen und ihren Nachtgruß hören: ›Schlafen Sie wohl, gnädiges Fräulein!‹ Ich werde nicht mehr Sonja unterrichten noch mit ihr spielen, nicht mehr des Morgens an ihre Wand klopfen und ihr helles Lachen hören? Ist es denn wahr, daß ich heute mir selbst eine Fremde werden soll, daß nun ein neues Leben sich vor mir auftut, in dem meine Hoffnungen und Wünsche Erfüllung finden sollen? Und wird es mich nun für immer festhalten, dieses neue Leben?" Ich erwartete ihn mit Ungeduld – ich fühlte mich beklommen, so allein mit diesem Gedanken. Er kam schon früh herüber, und erst als er an meiner Seite war, gewann ich die Überzeugung, daß ich heute seine Gattin werden würde, und dieser Gedanke hatte fortan nichts Schreckliches mehr für mich.

Vor dem Mittagessen begaben wir uns nach unserer Dorfkirche, um einer Seelenmesse, die für meinen Vater gelesen wurde, beizuwohnen.

„Wenn er doch jetzt lebte!" dachte ich, als wir nach Hause kamen, und schweigend stützte ich mich auf den Arm des Mannes, den der Verstorbene seinen besten Freund genannt hatte. Als ich während des Gottesdienstes den Kopf tief auf die kalten Steinfliesen der Kapelle hinabsinken ließ, trat mir das Bild meines Vaters wie lebendig vor Augen, war ich fest davon überzeugt, daß seine Seele im Himmel mich verstehe und meine Wahl billige. Ja, ich fühlte deutlich, daß seine Seele uns umschwebe, und daß ich seinen Segen wirklich und wahrhaftig empfange. Erinnerung und Hoffnung, Glück und Trauer flossen in meinem Herzen zu einem einzigen feierlichen, wohligen Gefühl zusammen, Und diese unbewegte, frische Luft, diese Stille, die Kahlheit der Felder und der bleiche Himmel, von dem die hellen, doch kraftlosen Sonnenstrahlen niederschienen, paßten recht wohl zu meiner Seelenstimmung. Mir war, als müsse auch er, der an meiner Seite Schritt, meine Empfindungen begreifen und sie teilen. Er ging still und schweigend daher, und auf seinem Gesichte, das ich ab und zu verstohlen von der Seite betrachtete, lag ein ernster, zugleich Trauer und Freude verratender Ausdruck, der mit der Stimmung der uns umgebenden Natur wie mit den Empfindungen meines Herzens ganz im Einklang stand.

Plötzlich wandte er sich zu mir um. Ich sah, daß er etwas sagen wollte. „Wie, wenn er nun von etwas ganz anderem spricht als davon, woran ich jetzt denke?“ ging es mir durch den Kopf. Er sprach von meinem Vater, ohne ihn auch nur zu nennen:

„Er sagte mir einmal im Scherz: heirate doch meine Mascha!“ sagte er.

„Wie glücklich würde er heute sein!“ versetzte ich und preßte seinen Arm, auf den ich den meinigen stützte, fester an mich.

„Sie waren damals noch ein Kind,“ fuhr er fort, während er mir in die Augen schaute. „Ich küßte damals diese Augen und liebte sie nur darum, weil sie den seinigen glichen, und ich hätte nie geglaubt, daß sie mir einmal um ihrer selbst willen so teuer sein würden. Ich nannte Sie damals einfach Mascha.“

„Sagen Sie ›du‹ zu mir!“ sprach ich.

„Ich wollte es soeben tun,“ sagte er – „jetzt erst bin ich sicher, daß du ganz die Meine bist.“ Und sein ruhiger, glücklicher Blick ruhte voll Innigkeit auf mir.

Wir gingen still den wenig ausgetretenen Feldweg entlang, der über das vom Vieh zertretene Stoppelfeld führte; kein Laut ertönte rings um uns, nur unsere Schritte und unsere Stimmen vernahmen wir. Auf der einen Seite zog sich über die Schlucht hinweg bis zu dem fernen, entblätterten Laubwald das unansehnliche braune Stoppelfeld, auf dem, seitwärts von uns, ein Bauer mit dem Pfluge einen breiter und breiter werdenden schwarzen Streifen aufwarf. Am Fuße der Anhöhe war eine Herde von Pferden zerstreut, die uns trotz der großen Entfernung in der klaren Luft ganz nahe schienen. Auf der andern Seite, wie auch vor uns, bis zum Garten und zu unserem Hause hin, dehnte sich schwarzes, schon bestelltes Ackerfeld, auf dem stellenweise bereits die grüne Wintersaat aufgegangen war. Auf alles das ließ die Sonne ihre herbstlich matten Strahlen fallen, und lange, zerfaserte Spinnenfäden zogen sich darüber hin. Sie flogen rings um uns durch die Luft, senkten sich auf das nach dem Nachtfrost wieder aufgetaute Stoppelfeld, flatterten uns in die Augen, blieben uns an Haaren und Kleidern hängen. Wenn wir sprachen, tönten unsere Stimmen so seltsam, und die Worte blieben gleichsam über uns in der unbewegten Luft hängen. Es schien, als seien wir ganz allein mitten in der ganzen Welt, allein unter diesem blauen Gewölbe, von dem die Sonne ihr zitterndes, leuchtendes, doch nicht wärmendes Licht herabströmen ließ.

Auch ich hätte wohl „du" zu ihm sagen mögen, doch wagte ich es noch nicht recht.

„Warum gehst du so schnell?" fragte ich endlich hastig, fast flüsternd, und errötete unwillkürlich.

Er ging nun langsamer und sah mich noch inniger, noch froher und glücklicher an.

Als wir zu Hause anlangten, war seine Mutter bereits da, und ebenso die Gäste, die wir hatten einladen müssen. Bis zu dem Augenblick, da wir nach der Trauung die Kirche verließen und in den Wagen einstiegen, der uns nach Nikolskoje bringen sollte, war ich nun nicht mehr allein mit ihm.

Die Kirche war fast leer; nur ganz flüchtig bemerkte ich seine Mutter, die hoch aufgerichtet auf einem Teppich neben dem Chor stand, dann Katja in einer Haube mit lila Bändern, helle Tränen in den Augen, und zwei oder drei Leute vom Hofgesinde, die mich neugierig betrachteten. Ihn sah ich nicht an, doch fühlte ich seine Nähe. Ich hörte nach dem Wortlaut der Gebete hin und wiederholte sie, doch fanden sie in meiner Seele keinen Widerhall. Ich konnte nicht beten und richtete mechanisch den Blick auf die Heiligenbilder, die Kerzen, das Kreuz auf dem Rückenteil des Meßgewandes, das der Priester trug, auf die Wand mit den Heiligenbildern vor dem Altar, auf das Kirchenfenster – und ich begriff nichts von dem, was ich sah. Ich fühlte nur, daß etwas Ungewöhnliches mit mir vorging. Als der Priester sich mit dem Kreuze nach mir umwandte, mich beglückwünschte und erklärte, er habe mich getauft und nach Gottes Fügung nun auch getraut, als dann Katja und seine Mutter uns küßten und Grigorij laut nach der Kutsche rief, da war ich ganz erstaunt und erschrocken, daß alles schon zu Ende war, ohne daß irgend etwas Außergewöhnliches, das dem von mir empfangenen Sakrament entspräche, sich in meiner Seele vollzogen hätte. Wir küßten uns, und dieser Kuß hatte etwas so Seltsames, unserem Gefühl Fremdes. „Ist das alles?" dachte ich unwillkürlich. Wir traten in die Vorhalle; das Geräusch der Räder tönte dumpf von der Kirchenwölbung wieder, ein frischer Lufthauch berührte mein Gesicht, er setzte den Hut auf und hob mich dann in den Wagen. Aus dem Kutschenfenster sah ich den kalten, von einem Dunstkreis umgebenen Mond.

Er nahm neben mir Platz und schlug die Wagentür hinter sich zu. Es ging mir wie ein Stich durchs Herz. Die Sicherheit, mit der er das alles tat, erschien mir verletzend. Ich hörte noch Katjas laute Stimme – sie sagte, ich solle das Tuch um den Kopf nehmen; dann rasselten die Räder über die Steinfliesen, bogen auf den weichen Weg ein, und wir fuhren davon. Ich drückte mich in die Wagenecke und blickte durchs Fenster auf die weiten, hell beleuchteten Felder und den Weg, der im kalten Mondschein über die Fluren hinlief. Ohne ihn anzublicken, fühlte ich doch, daß er da ganz dicht neben mir saß. „Das ist also alles, was dieser Augenblick mir gegeben hat, von dem ich so viel erwartet hatte?" dachte ich, und es schien mir so demütigend und kränkend, daß ich nun so allein ganz dicht neben ihm saß. Ich wandte mich nach ihm um und wollte ihm irgend etwas sagen. Aber die Worte wollten nicht über meine Lippen, und es war mir, als wäre nichts mehr von den früheren zärtlichen Gefühlen in meinem Herzen, und als sei an ihre Stelle ein Gefühl der Kränkung und der Furcht getreten.

„Ich habe es bis zu diesem Augenblick nicht für möglich gehalten, daß es so kommen könnte," sagte er leise, gleichsam meinen Blick beantwortend.

„Ja, aber mir ist so bange ..." sagte ich.

„Vor mir ist dir bange, meine Liebe?“ sprach er, nahm meine Hand und neigte sich über sie.

Meine Hand lag wie leblos in der seinigen, und mein Herz durchzuckte es schmerzlich kalt.

„Ja,“ flüsterte ich.

Doch da begann mein Herz plötzlich stärker zu schlagen, meine Hand erbebte und ergriff die seine; es überlief mich heiß, meine Augen suchten im Halbdunkel die seinen, und ich fühlte plötzlich, daß ich ihn gar nicht fürchte, daß diese Furcht die Liebe sei, eine Liebe, noch zärtlicher und stärker als die frühere. Ich fühlte, daß ich ganz die Seine war, und daß ich glücklich war durch seine Gewalt über mich und mein Sein.

Zweiter Teil

1.

Tage, Wochen, zwei ganze Monate einsamen Landlebens vergingen unmerklich, wie es uns damals schien; und doch hätten die Empfindungen, die Aufregungen und das Glück dieser zwei Monate ausgereicht, um ein ganzes Leben auszufüllen. Unsere Träume von der Gestaltung unserer Zukunft, unseres Lebens im Dorfe gingen durchaus nicht auf die Weise in Erfüllung, wie wir es erwartet hatten. Doch blieb der Reiz unseres Lebens in nichts hinter unseren Träumen zurück. Von jener ernsten Arbeit, Pflichterfüllung und Aufopferung für die andern, die mir in meiner Brautzeit als meine zukünftige Aufgabe vorgeschwebt hatte, war nicht mehr die Rede; statt dessen erfüllte egoistische Verliebtheit, der Wunsch, gehätschelt zu werden, eine ewige, grundlose Fröhlichkeit und Gleichgültigkeit gegen alles andere, was es sonst noch auf der Welt gab, unser Leben. Er ließ mich wohl zuweilen allein, um in seinem Kabinett zu arbeiten, fuhr in Geschäften nach der Stadt und sah in der Wirtschaft nach dem Rechten; doch sah ich, wie schwer es ihm jedesmal fiel, sich von mir zu trennen. Er gestand mir dann später, daß ihm alles in der Welt, was nicht auf mich Bezug hatte, so überflüssig und nichtig erschien, daß er nicht begreifen konnte, wie man sich überhaupt damit befassen könne. Und auch ich empfand ganz ebenso wie er. Ich las, beschäftigte mich mit Musik, leistete der Mama Gesellschaft und blickte auch einmal in die Schule hinein; doch tat ich das alles nur darum, weil es entweder auf ihn Bezug hatte, oder weil er es gern sah, daß ich mich damit befaßte; sobald ich an irgend etwas gehen sollte, das nicht mit ihm im Zusammenhang stand, sanken meine Arme schlaff herab, und der Gedanke, daß es außer ihm noch irgend etwas anderes auf der Welt gebe, erschien mir geradezu komisch. Vielleicht war das ein selbstisches, unedles Gefühl; aber dieses Gefühl machte mich glücklich und erhob mich hoch über alle Welt. Nur er allein existierte für mich auf der Welt, ihn hielt ich für den schönsten, den trefflichsten Menschen; darum konnte ich nicht einen Tag für irgend etwas anderes leben als für ihn und verwandte alle meine Kräfte einzig darauf, in seinen Augen das zu sein, wofür er mich hielt. Andrerseits hielt auch er mich für die schönste und beste Frau in der Welt, für einen Ausbund aller Tugenden, und ich gab mir alle Mühe, in den Augen des vollkommensten und besten aller Menschen solch ein Ideal einer Frau zu sein.

Eines Tages trat er zu mir in mein Zimmer, als ich eben betete. Ich sah ihn an und fuhr fort zu beten. Er nahm am Tische Platz, um mich nicht zu stören, und schlug ein Buch auf. Es war mir jedoch, als schaue er mich an, und ich sah mich nach ihm um. Er lächelte. Auch ich mußte lachen und konnte nicht beten.

„Hast du schon gebetet?“ fragte ich ihn.

„Ja. Laß dich nicht stören, ich gehe gleich fort.“

„Ich will doch hoffen, daß du immer betest?“

Er gab keine Antwort und wollte gehen, doch ich hielt ihn zurück.

„Tu es um meinetwillen, mein Teurer, bete mit mir!“

Er trat neben mich, ließ unbeholfen die Arme sinken und begann mit ernstem Gesichte, da und dort stockend, zu lesen. Von Zeit zu Zeit wandte er sich nach mir um, als suche er Zustimmung und Hilfe auf meinem Gesichte.

Als er zu Ende war, umarmte ich ihn lachend.

„Du machst aus mir alles, was du willst! Mir ist, als sei ich wieder zehn Jahre alt ...“ sagte er errötend und küßte mir die Hände.

Unser Haus war eins jener alten Landhäuser, in denen mehrere Generationen derselben Familie nacheinander in gegenseitiger Achtung und Liebe gewohnt haben. Alles in diesem Hause predigte gleichsam eine ehrenwerte, brave Familientradition, die von dem Augenblick an, da ich es betreten hatte, auch die meinige wurde. Die Einrichtung des Hauses und das ganze Hausregiment wurde von Tatjana Semjonowna ganz im alten Stil gehalten. Man konnte nicht behaupten, daß alles elegant und schön sei; doch von der Bedienung bis zu den Möbeln und Mahlzeiten war alles reichlich, alles sauber, gediegen und akkurat und flößte Respekt ein. Im Empfangszimmer waren die Möbel symmetrisch aufgestellt, an den Wänden hingen Porträts, und den Fußboden bedeckten Teppiche und Läufer aus buntgestreiftem Handgewebe, die im Hause angefertigt waren. Im „Diwanzimmer“ stand ein alter Flügel, Chiffonnieren von verschiedener Gestalt, Diwane und Tischchen mit Messingbeschlägen und eingelegten Ornamenten. In meinem Boudoir, das Tatjana Semjonowna selbst mit besonderer Sorgfalt eingerichtet hatte, standen die besten Möbel aus allen Zeitaltern und Stilperioden, darunter ein alter Trumeau, dem gegenüber ich anfangs eine gewisse Schüchternheit empfand, der mir jedoch später, recht wie ein alter Freund, lieb und teuer wurde.

Von Tatjana Semjonowna hörte man so gut wie gar nichts im Hause, doch ging alles so regelmäßig wie eine aufgezogene Uhr seinen Gang. Wohl gab es eine ganze Anzahl überflüssiger Leute im Hause, aber sie alle schienen stolz auf ihre Stellung, zitterten vor der alten Herrin, sahen mich und meinen Mann mit freundlicher Gönnermiene ein wenig von oben herab an und verrichteten im übrigen, wie mir schien, ihren Dienst mit ganz besonderem Vergnügen. Tatjana Semjonowna hielt das Knarren der

Sohlen und das Poltern der Absätze für das unangenehmste Ding von der Welt, und so mußte alles im Hause weiches Schuhwerk ohne Absätze tragen. Regelmäßig an jedem Sonnabend wurden im Hause die Fußböden gescheuert und die Teppiche geklopft, an jedem ersten Tage des Monats wurde Gottesdienst abgehalten und eine Wasserweihe vorgenommen; am Namenstage Tatjana Semjonownas, ihres Sohnes und jetzt im Herbst zum erstenmal auch an dem meinigen wurde der ganzen Nachbarschaft ein Festmahl gegeben. So war es immer gehalten worden, soweit Tatjana Semjonowna zurückdenken konnte. Mein Mann mischte sich nicht in die Angelegenheiten des Hauswesens, er beschäftigte sich nur mit der Feldwirtschaft und den Bauern, die ihn stark in Anspruch nahmen. Er stand stets, auch im Winter, sehr früh auf und war längst fort, wenn ich erwachte. Zum Tee, den wir für uns allein einnahmen, kehrte er gewöhnlich zurück; er war dann fast immer, nach all den Sorgen und Unannehmlichkeiten in der Wirtschaft, in jener ganz besonders fröhlichen Stimmung, die wir „himmelhoch jauchzend" zu nennen pflegten. Häufig bat ich ihn, mir zu erzählen, was er am Morgen getrieben habe, und er redete dann solchen Unsinn zusammen, daß wir beide vor Lachen vergingen; zuweilen jedoch bestand ich darauf, daß er mir ernsthaft Bericht erstatte, und das tat er dann auch mit sehr ernsthafter Miene. Ich sah ihm in die Augen, sah auf seine Lippen, die sich bewegten, und verstand nichts, sondern freute mich nur, daß ich ihn sah und seine Stimme hörte.

„Nun, was habe ich also erzählt? Wiederhol's einmal!" sagte er. Ich konnte es natürlich nicht wiederholen und fand es überaus drollig, daß er mit mir nicht von sich selbst und von mir sprach, sondern von irgend etwas anderem, als wäre nicht alles, was außer uns existierte, höchst überflüssig und gleichgültig. Erst viel später begann ich seine Sorgen zu verstehen und sie zu teilen. Tatjana Semjonowna sahen wir erst beim Mittagessen, sie trank den Tee in ihrem Zimmer und ließ uns den Morgengruß durch ihre Sendboten entbieten. In unserer närrisch glücklichen kleinen Welt klang die Stimme aus ihrem würdevoll feierlichen Winkel so seltsam, daß ich oft nicht an mich halten konnte, sondern laut herausplatzte, wenn ihre Kammerfrau, die Hände übereinander legend, uns in gemessenem Tone eröffnete, Tatjana Semjonowna lasse fragen, ob wir nach dem gestrigen Spaziergange geschlafen hätten, und lasse uns mitteilen, sie habe während der ganzen Nacht Stiche in der Seite gehabt, auch habe irgendein dummer Hund im Dorfe in einem fort gebellt und sie im Schlaf behindert. Sie lasse ferner fragen, wie uns diesmal das Frühstücksgebäck geschmeckt habe, das, wie sie uns sagen lasse, nicht von dem Hausbäcker Taras, sondern zum erstenmal probeweise von Nikolascha gebacken sei, der bis auf die etwas zu scharf geratenen Zwiebäcke seine Sache gut gemacht und namentlich mit den Brezeln Ehre eingelegt habe.

Bis zum Mittagessen war ich nur wenig in Gesellschaft meines Mannes. Ich spielte oder las für mich allein, während er schrieb oder wieder ausgehen mußte; beim Mittagessen jedoch, das um vier Uhr eingenommen wurde, fanden wir uns alle zusammen: wir trafen uns im Empfangszimmer, Mama kam aus ihrem Gemach herangeschwebt, und auch die zwei oder drei verarmten Edelfräulein, die stets im Hause lebten, fanden sich ein. Jeden Tag führte mein Mann nach alter Gewohnheit die Mama zu Tische, doch bestand sie darauf, daß er mir den andern Arm reiche, und dann gab es jedesmal ein Pressen und Drängen in der Tür. Bei Tisch führte natürlich Mama den Vorsitz, und die Unterhaltung hatte einen höchst anständigen, gesetzten, ein wenig feierlichen Anstrich, der durch die mehr zwanglosen Gespräche zwischen mir und meinem Manne in angenehmer Weise gemildert wurde. Zwischen der Mutter und dem Sohne fanden bisweilen kleine Plänkeleien und Neckereien statt, die ich gern hatte, da die zärtliche, starke Liebe, die zwischen beiden bestand, dabei besonders deutlich zutage trat. Nach dem Mittagessen setzte sich Mama in den großen Sessel im Empfangszimmer und rieb Tabak oder schnitt die neu eingegangenen Bücher auf, während wir entweder irgend etwas laut lasen oder ins Diwanzimmer gingen, um auf dem alten Klavier zu musizieren.

Wir lasen in dieser Zeit viel zusammen, den liebsten und schönsten Genuß jedoch gab uns die Musik, die immer neue Saiten in unseren Seelen anschlug und dazu beitrug, daß wir einander von immer neuen Seiten kennen lernten. Wenn ich seine Lieblingsstücke spielte, setzte er sich auf einen entfernten Diwan, wo ich ihn fast gar nicht sehen konnte, und in natürlichem Zartgefühl bemühte er sich, den Eindruck, den die Musik auf ihn machte, vor mir zu verbergen; oft jedoch, wenn er es am wenigsten erwartete, stand ich vom Klavier auf, trat rasch zu ihm hin und konnte dann noch die Spuren der Erregung in seinem Gesichte, den ungewohnten Glanz und den feuchten Schimmer seiner Augen gewahren, die er vergeblich von mir abzuwenden suchte. Mama verspürte häufig Lust, sich im Diwanzimmer nach uns umzusehen, doch fürchtete sie wohl, uns lästig zu fallen, und schritt nur so gelegentlich mit erzwungen gleichgültiger Miene hindurch, als ginge sie nach ihrem Zimmer; ich wußte indes, daß sie dort nichts weiter zu tun hatte, und daß sie auch gleich wieder zurückkommen würde. Des Abends servierte ich den Tee im großen Salon, wo sich dann wieder alle Hausgenossen zusammenfanden. Diese feierlichen Sitzungen vor dem spiegelblanken Samowar nebst der Verteilung der Gläser und Tassen setzten mich lange Zeit in Verwirrung. Es schien mir immer, als sei ich dieser Ehre noch nicht recht würdig, als sei ich noch zu jung und zu leichtfertig, um den Hahn eines so gewaltigen Samowars zu öffnen, um die Gläser dem Diener Nikita auf das Teebrett zu stellen und dabei zu sagen: „Für Peter Iwanowitsch, für Maria Minitschna", um zu fragen: „Ist es auch süß genug?" und für die alte Kinderfrau und die sonst bevorzugten Domestiken die erforderlichen Zuckerstückchen zurückzulegen.

„Sehr gut, ausgezeichnet!" sagte häufig mein Mann – „ganz wie eine Erwachsene!" Und das steigerte noch meine Verlegenheit.

Nach dem Tee legte Mama Patience oder ließ sich von Maria Minitschna die Karten legen; dann küßte und bekreuzte sie uns beide, und wir begaben uns nach unseren Zimmern. Zumeist jedoch saßen wir zu zweien noch bis nach Mitternacht auf, und dies war unsere schönste und köstlichste Zeit. Er erzählte mir von seiner Vergangenheit, wir machten Pläne, philosophierten zuweilen und suchten dabei so leise wie möglich zu sprechen, damit man uns oben nicht hörte und etwa gar Tatjana

Semjonowna Meldung machte, die darauf bestand, daß wir zeitig schlafen gingen. Mitunter bekamen wir noch einmal Hunger, schlichen uns leise nach dem Büfett, bekamen durch Nikitas Protektion einen kalten Imbiß und verzehrten ihn beim Schein einer einzigen Kerze in meinem Zimmer. Wir lebten beide wie Fremde in diesem großen alten Hause, über dem der gestrenge Geist der alten Zeit und Tatjana Semjonownas waltete. Nicht nur ihre Person, sondern auch die Dienerschaft, die adeligen alten Jungfern, die Möbel, die Gemälde flößten mir Ehrfurcht ein, einige wohl auch Furcht und das geheime Bewußtsein, daß wir beide hier doch nicht ganz an unserem Platze seien und gar vorsichtig und rücksichtsvoll auftreten müßten. Wenn ich mich jetzt all dieser Dinge erinnere, sage ich mir wohl, daß vieles, namentlich diese einzwängende, unabänderliche Hausordnung und diese Unmenge von müßigen, neugierigen Leuten im Hause etwas Bedrückendes und Unbehagliches hatte; damals jedoch erhöhte und belebte gerade dieser äußerliche Zwang unsere gegenseitige Liebe. Keins von beiden ließ merken, daß ihm an diesem Zustande irgend etwas mißfalle. Mein Mann ging darin so weit, daß er diesen Dingen, selbst wo sie gar zu aufdringlich wurden, lieber aus dem Wege ging, statt sich gegen sie aufzulehnen. Täglich nach dem Mittagessen pflegte zum Beispiel Mamas Lakai, Dmitrij Sidorow, der gern eine gute Pfeife Tabak rauchte, nach dem Kabinett meines Mannes zu gehen, um sich dort aus dem Tabakkasten mit dem nötigen Tabak zu versehen; wir beobachteten ihn vom Diwanzimmer aus, und man muß es gesehen haben, wie mein Mann, eine komisch ängstliche Miene aufsetzend, auf den Zehen zu mir kam und blinzelnd auf Dmitrij Sidorow zeigte, der keine Ahnung davon hatte, daß wir ihn sahen. Und wenn dann der Lakai, ohne uns bemerkt zu haben, wieder zurückging, wußte mein Mann vor lauter Freude darüber, daß alles glücklich abgelaufen, nichts weiter zu tun, als, wie bei jeder andern Gelegenheit, mich „sein prächtiges Weibchen“ zu nennen und mich zu küssen. Bisweilen aber mißfiel mir doch diese Ruhe, diese allzugroße Nachsicht und Gleichgültigkeit gegen alles, und ohne zu merken, daß ich in dieser Hinsicht eigentlich ganz ebenso war wie er, betrachtete ich im stillen doch sein Verhalten als Schwäche. „Ganz wie ein unmündiges Kind, das seinen Willen nicht zu äußern wagt!“ dachte ich für mich.

„Ach, meine Liebe,“ antwortete er mir, als ich ihm einmal sagte, daß ich mich über seine Schwäche wundere – „darf man denn mit irgend etwas unzufrieden sein, wenn man so glücklich ist wie ich? Es ist weit leichter, selbst nachzugeben, als andere zum Nachgeben zwingen zu wollen, das ist längst meine Überzeugung; es gibt einfach keine Lage im Leben, in der der Mensch nicht glücklich zu sein vermöchte. Uns ist doch so wohl zumute! Ich kann einfach nicht böse werden: es gibt jetzt für mich nichts Böses, es gibt nur noch Dinge, die ich bedaure, oder über die ich lache. Mein Grundsatz ist: das Bessere ist der Feind des Guten. Glaubst du wohl, daß, wenn die Klingel geht, wenn ein Brief kommt, oder selbst wenn ich erwache, mir angst und bange wird, es könnte etwas eintreten, das an unserem jetzigen Leben etwas ändert? Denn besser als jetzt kann es doch niemals werden!“

Ich glaubte ihm, verstand ihn jedoch nicht ganz: auch mir war ja sehr wohl zumute, doch schien es mir, daß es so und nicht anders sein müsse, daß es auch mit andern Menschen so sei wie mit uns, und daß es dort, irgendwo, noch eine andere Art von Glück gebe, das zwar nicht besser sei als das unsrige, aber doch eben „anders“.

So waren die zwei Monate hingegangen; der Winter kam mit seinen Frösten und Schneestürmen, und obschon mein Mann stets bei mir war, begann ich mich doch vereinsamt zu fühlen – begann ich zu fühlen, daß das Leben sich wiederholte, daß weder in mir noch in ihm irgend etwas Neues zutage trat, daß wir vielmehr immer wieder zum alten Ausgangspunkt zurückkehrten. Er begann sich wieder mehr als früher mit der Wirtschaft zu befassen, ohne mich in seine Sorgen einzuweihen, und es schien mir wieder, daß in seiner Seele eine besondere Welt existiere, in die er mich keinen Blick tun ließ. Seine beständige Ruhe reizte mich. Ich liebte ihn nicht weniger als früher und fühlte mich durch seine Liebe noch ebenso beglückt wie im Anfang; aber meine Liebe war gleichsam stehen geblieben und wuchs nicht weiter, und neben der Liebe begann sich ein neues Gefühl der Unruhe in meine Seele einzuschleichen. Es war mir nicht mehr genug, ihn nur so weiterzulieben, nachdem ich das Glück gekostet hatte, das darin lag, ihn liebzugewinnen. Ich verlangte Bewegung und nicht dieses ruhige Dahinfließen des Lebens. Ich sehnte mich nach Aufregung, nach Gefahren, nach Opfern, die ich meinem Gefühl zuliebe bringen könnte. In mir schlummerte ein Überfluß an Kraft, der in unserem ruhigen Dasein keine Betätigung fand. Anwandlungen von Schwermut kamen über mich, die ich, weil ich sie für etwas Unrechtes hielt, ihm zu verheimlichen suchte, und dann folgten wieder Ausbrüche von Zärtlichkeit und Ausgelassenheit, die ihn erschreckten. Er hatte diesen Wandel meiner Stimmung noch eher bemerkt als ich selbst und mir vorgeschlagen, wir sollten für den Winter nach der Stadt ziehen; doch ich hatte ihn gebeten, davon abzusehen und nichts an unserer Lebensweise zu ändern, nicht unser Glück zu stören. Ich war in der Tat ja auch glücklich, doch mich quälte der Umstand, daß dieses Glück mich so gar keine Mühe, gar kein Opfer kostete, während der Drang nach Opfern und Mühen mich erfüllte. Ich liebte ihn, und ich sah, daß ich ihm alles war; ich wollte jedoch, daß alle Welt unsere Liebe sehen, daß man mich hindern sollte, ihn zu lieben, und daß ich Gelegenheit fände, zu zeigen, daß ich trotz alledem ihn liebte. Mein Verstand und mein Gefühl war wohl vollauf in Anspruch genommen durch die Liebe zu ihm, doch regte sich in meinem Herzen noch eine andere Empfindung: das Bewußtsein der Jugend, das Bedürfnis nach Bewegung, die beide in unserem stillen Dasein keine Befriedigung fanden. Warum hatte er mir gesagt, daß wir, sobald ich es wünschte, in die Stadt ziehen würden? Hätte er dies nicht gesagt, dann hätte ich vielleicht begriffen, daß das Gefühl, das mich bedrückte, nichts weiter als törichte Einbildung und sogar etwas Sündhaftes sei, und daß, wenn ich mich nach Opfern sehnte, ich ja die beste Gelegenheit dazu hatte: ich brauchte eben nur diese tadelnswerten Regungen meiner Seele zu unterdrücken. Der Gedanke, daß ich mich vielleicht meiner Schwermut entledigen könnte, wenn wir in die Stadt zögen, kam mir unwillkürlich immer wieder in den Sinn.

Andrerseits scheute ich mich doch, ihn von allem, was er liebte, um meinetwillen loszureißen.

Die Zeit ging hin, höher und höher stieg der Schnee rings um unser Haus, und wir blieben allein und immer wieder allein miteinander, sahen uns täglich und stündlich in derselben Gestalt; dort aber, irgendwo im Glanz und Geräusch, tummelten sich, litten und jubelten Scharen von Menschen, ohne an uns und unser still dahinfließendes Dasein zu denken. Am schlimmsten für mich war, daß ich fühlte, wie mehr und mehr all die kleinen Gewohnheiten des Tages unser Leben in eine bestimmte Form preßten, wie unser Gefühl, statt sich frei auszuleben, sich immer enger dem einförmigen, leidenschaftslosen Gange der Zeit anpassen mußte. Früh am Morgen waren wir heiter, beim Mittagessen ernst und ehrbar, am Abend zärtlich.

„Gutes tun ..." sagte ich mir im stillen – „gewiß ist es schön, wenn man Gutes tut und ehrenhaft lebt, wie er immer sagt; doch dazu werden wir noch Zeit haben – es gibt aber etwas anderes, wozu ich nur jetzt die Kraft in mir fühlte." Nicht das war es, wessen ich bedurfte – Kampf war es, was ich brauchte. Das Gefühl sollte zum Meister des Lebens werden, nicht umgekehrt das Leben dem Gefühle Zwang antun. Ich wollte mit ihm gemeinsam an den Rand des Abgrunds treten und sagen: noch ein Schritt, und ich stürze hinein, noch eine Bewegung, und ich bin verloren – und dann, so wollte ich's, sollte er dort am Rande des Abgrunds erbleichen, sollte mich in seine starken Arme nehmen, mich über die Tiefe halten, daß das Herz mir vor Schreck erstarrte, und sollte mich forttragen, wohin er wollte.

Dieser Zustand beeinflußte sogar meine Gesundheit, und meine Nerven begannen darunter zu leiden. Eines Morgens – ich fühlte mich noch schlechter als sonst – kehrte er in übler Stimmung aus dem Gutskontor zurück, was nur selten bei ihm vorkam. Ich bemerkte es sogleich und fragte ihn, was ihm fehle; er wollte es mir nicht sagen und meinte, es lohne nicht der Mühe. Wie ich später erfuhr, hatte er Ärger mit dem Bezirkschef, der ihm nicht wohlwollte und seine Bauern unter Drohungen zu einem ungesetzlichen Verhalten hatte verleiten wollen. Mein Mann hatte das alles noch nicht soweit verwunden, daß es ihm „kläglich und lächerlich" erschien, er war infolgedessen gereizt und wollte nicht mit mir sprechen. Ich war jedoch der Meinung, er wolle nur darum nicht mit mir sprechen, weil er mich für ein Kind hielt, das nicht begriff, was ihn beschäftigte. Ich wandte mich schweigend von ihm ab und ließ Maria Minitschna, die gerade bei uns zu Gaste war, zum Frühstückstee bitten. Ich beeilte mich mit dem Tee und ging dann mit Maria Minitschna in das Diwanzimmer, wo ich mich in eine laut geführte Unterhaltung über irgendwelche nebensächlichen Dinge einließ, die mir vollkommen gleichgültig waren. Er ging im Zimmer auf und ab und warf zuweilen einen Blick nach uns hinüber. Diese Blicke übten jetzt nur die eine Wirkung auf mich aus, daß ich immer gesprächiger wurde und sogar Lust zum Lachen bekam; alles, was ich selbst sagte, und was Maria Minitschna sprach, kam mir höchst lächerlich vor. Ohne auch nur ein Wort zu sagen, ging er in sein Zimmer und schloß die Tür hinter sich. Als ich nun nicht mehr seinen Schritt vernahm, war meine ganze Lustigkeit plötzlich verschwunden, so daß Maria Minitschna mich ganz verwundert fragte, was mir fehle. Ich antwortete ihr nicht, sondern saß, dem Weinen nahe, auf dem Diwan.

„Was fällt ihm eigentlich ein?“ dachte ich. „Irgendein alberner Vorfall, der ihm wichtig scheint, hat ihn erregt – er sollte mir ihn doch erzählen, ich würde ihm schon beweisen, wie albern und nichtig er ist! Doch nein, er muß durchaus glauben, daß ich kein Verständnis dafür habe, muß mich durch seine erhabene Ruhe verletzen und mir gegenüber immer Recht behalten. Und dabei habe doch auch ich mein Recht – ich brauche nicht in öder Langerweile zu ersticken, während ich mich nach lebendiger Bewegung, nach Kampf und Tätigkeit sehne,“ dachte ich – „ich brauche nicht auf einem Punkte stillzustehen und zu fühlen, wie die Zeit über mich hinweggeht. Ich will vorwärtsschreiten, will jeden Tag, jede Stunde etwas Neues, er aber will stillstehen und auch mich zum Stillstehen zwingen. Und wie leicht könnte er doch meinen Wunsch erfüllen! Er brauchte mich darum nicht erst nach der Stadt zu bringen, brauchte nur so zu sein wie ich und, statt sich zu verstellen und sich Zwang anzutun, die Dinge einfach zu nehmen, wie sie sind. Mir kann er wohl raten, es so und nicht anders zu machen, er selbst aber ist durchaus nicht der einfache, aufrichtige Mensch, der er sein sollte. Das ist's!“

Ich fühlte, daß die Tränen mir die Kehle zuschnürten, und daß ich über ihn aufgebracht war. Ich erschrak, als ich mich bei diesem Gefühl ertappte, und ging zu ihm hinein. Er saß in seinem Kabinett und schrieb. Als er meine Schritte hörte, wandte er sich für einen Augenblick ruhig und gleichgültig um und fuhr dann fort zu schreiben. Sein Blick hatte mir mißfallen; statt zu ihm zu gehen, trat ich an den Tisch, an dem er schrieb, schlug ein Buch auf und blätterte darin. Er blickte noch einmal vom Papier auf und sah mich an.

„Du bist nicht bei Laune, Mascha?“ sagte er.

Ich antwortete ihm mit einem kühlen Blick, der ihm sagen sollte: „Was soll das? Warum fragst du erst?“

Er schüttelte den Kopf, und ein zärtliches, schüchternes Lächeln erschien auf seinem Gesichte, doch kein Lächeln in meinen Zügen gab ihm Antwort.

„Was hattest du heute?“ fragte ich. „Warum hast du es mir nicht erzählen wollen?“

„Eine Lappalie, eine kleine Unannehmlichkeit,“ antwortete er. „Jetzt kann ich dir's ja erzählen. Zwei Bauern sind in die Stadt abgeführt worden ...“

Ich ließ ihn jedoch nicht ausreden.

„Warum hast du es mir nicht gleich erzählt, als ich dich beim Tee danach fragte?“

„Ich würde dir da nur irgendeinen Unsinn erzählt haben – ich war noch in ärgerlicher Stimmung.“

„Und gerade da hättest du es mir sagen sollen.“

„Weshalb?“

„Du scheinst zu glauben, daß ich nicht imstande bin, dir in diesen Dingen zu helfen?“

„Wie denn?“ sagte er und warf die Feder hin. „Ich bin im Gegenteil der Ansicht, daß ich ohne dich nicht leben kann. Du bist mir in allem eine Helferin, ja du bist es sogar, die alles vollbringt! Was redest du nur!“ sprach er lachend. „Ich lebe ja einzig durch dich, und wenn hier alles gut und schön ist, so ist's nur, weil du da bist, weil ich dich habe ...“

„Ja, ich weiß das, ich bin ein liebes Kindchen, das man beruhigen muß!“ sprach ich in einem Tone, der ihn ganz erstaunt aufblicken ließ, als vernähme er zum erstenmal diesen Klang meiner Stimme. „Ich will diese Ruhe nicht, will nichts von ihr wissen – *deine* Ruhe reicht schon vollkommen aus, ja mehr als das!“ fügte ich hinzu.

„Nun, dann höre, um was es sich handelt,“ unterbrach er mich hastig, offenbar in der Absicht, meiner Rede Einhalt zu tun. „Ich will's dir erzählen, will hören, wie du darüber denkst ...“

„Jetzt will *ich's* aber nicht hören!“ antwortete ich, der Wahrheit entgegen, denn ich wollte es wirklich hören, aber es machte mir in diesem Augenblick Vergnügen, ihn aus seiner Ruhe aufzurütteln. „Ich will nicht mit dem Leben spielen, sondern wirklich leben,“ sagte ich, „so wie du!“

Auf seinem Gesichte, das alle Eindrücke so rasch und lebhaft widerspiegelte, erschien ein Ausdruck des Schmerzes und gespannter Aufmerksamkeit.

„Ich will neben dir als Gleichberechtigte leben ...“

Ich konnte jedoch nicht ausreden: ein so tiefer, herber Schmerz malte sich in seinen Zügen. Er schwieg ein Weilchen.

„Ja – ist denn das nicht der Fall? Worin bist du denn nicht gleichberechtigt mit mir?“ fragte er. „Darin vielleicht, daß du dich nicht ebenso wie ich mit dem Bezirkschef und mit betrunkenen Bauern herumzuplacken brauchst? ...“

„Das ist's nicht allein ...“ sagte ich.

„So versteh mich doch nur richtig, meine Liebe,“ fuhr er fort – „ich bitte dich um Gottes willen darum! Ich weiß, daß Sorgen und Unruhe das menschliche Leben verbittern, ich habe gelebt und das kennengelernt. Ich liebe dich und muß darum wünschen, dich von allen diesen Beunruhigungen zu bewahren. Mein Leben geht ganz in der Liebe zu dir auf, erschwere mir also das Leben nicht ..."

„Du hast ja immer recht!" sagte ich, ohne ihn anzusehen.

Ich ärgerte mich darüber, daß in seiner Seele schon wieder alles klar und ruhig war, während in meinem Innern noch der Ärger tobte und daneben ein anderes, der Reue verwandtes Gefühl sich geltend machte.

„Was ist nur mit dir, Mascha?" sagte er. „Es handelt sich nicht darum, ob das Recht auf meiner oder auf deiner Seite ist – es handelt sich um etwas anderes: was hast du gegen mich? Sprich jetzt nicht gleich, sondern überlege, und sage mir dann alles, was du denkst. Du bist mit mir unzufrieden, und du wirst sicherlich ein Recht dazu haben, doch laß mich wenigstens wissen, worin meine Schuld besteht!"

Ich sollte ihm meine Seele also ganz enthüllen – wie konnte ich das? Daß er mich so rasch durchschaut hatte, daß ich wieder das Kind für ihn war, daß ich nichts tun konnte, was er nicht begriffen und vorausgesehen hätte – alles dies erregte mich nur noch mehr.

„Ich habe durchaus nichts gegen dich," sagte ich. „Ich langweile mich einfach, und ich möchte, daß ich mich nicht langweile. Aber du sagst, es müsse so sein, du hast eben wieder recht."

Ich sah ihn nach diesen Worten an und konnte feststellen, daß ich meinen Zweck erreicht hatte: seine Ruhe war verschwunden, Furcht und Schmerz prägte sich auf seinem Gesicht aus.

„Mascha," begann er mit leiser, erregter Stimme – „was wir jetzt treiben, ist kein Scherz: unser Schicksal entscheidet sich jetzt. Ich bitte dich, mir nicht zu antworten, sondern mich anzuhören. Warum willst du mich denn quälen?"

Ich fiel ihm rasch ins Wort:

„Ich weiß ja, du wirst wieder recht haben. Sage nichts mehr – du hast recht!" sprach ich kühl, als ob nicht ich selbst, sondern irgendein böser Geist aus mir redete.

„Wenn du wüßtest, was du tust!“ sprach er mit zitternder Stimme.

Ich brach in Tränen aus, und da wurde mir leichter ums Herz. Er saß neben mir und schwieg. Er tat mir leid, und ich schämte mich und ärgerte mich über das, was ich getan. Ich sah ihn nicht an. Ich hatte die Empfindung, daß er mich in diesem Augenblick nur mit Strenge oder mit Bestürzung ansehen könne. Ich wandte mich um: sein Blick ruhte sanft und zärtlich, wie um Vergebung bittend, auf mir. Ich ergriff seine Hand und sagte:

„Verzeih mir ... ich weiß selbst nicht, was ich sprach.“

„Mag sein – aber ich weiß, was du sprachst, und du sprachst die Wahrheit.“

„Was denn?“ fragte ich.

„Daß wir nach Petersburg ziehen müssen,“ sagte er. „Hier haben wir jetzt nichts mehr zu tun.“

„Wie du willst,“ sagte ich.

Er umarmte und küßte mich.

„Du bist es, die zu verzeihen hat,“ sagte er. „Ich bin dir gegenüber im Unrecht.“

An diesem Abend spielte ich ihm lange vor, und er ging im Zimmer auf und ab und flüsterte irgend etwas vor sich hin. Er hatte diese eigentümliche Gewohnheit, vor sich hinzuflüstern, und ich hatte ihn öfters gefragt, was er denn da flüstere. Er pflegte dann einen Augenblick nachzudenken und mir zu wiederholen, was er geflüstert hatte: es waren zumeist Verse, zuweilen jedoch nur ganz törichtes, wirres Zeug, das mich indes seine Gemütsstimmung erkennen ließ. Als ich ihn diesmal fragte, blieb er stehen, dachte einen Augenblick nach und zitierte dann zwei Verse von Lermontow:

> „Und er, der Tolle, träumt von Stürmen,
> Als wenn im Sturm der Friede sei ...“

„Er ist mehr als ein Mensch – er weiß alles!“ dachte ich – „wie soll man ihn nicht lieben?“

Ich erhob mich, faßte seine Hand und begann, möglichst mit ihm Schritt haltend, gleichfalls im Zimmer auf und ab zu gehen.

„Nun?“ fragte er lächelnd und sah mich an.

„Nun ...“ wiederholte ich leise, und eine heitere Stimmung kam über uns beide, unsere Augen lachten, und wir schritten immer und immer wieder durchs Zimmer, zuletzt ganz leise und auf den Fußspitzen. So schritten wir, zum höchsten Verdruß Grigorijs und zum Erstaunen Mamas, die im Empfangszimmer Patience legte, durch alle Zimmer bis nach dem Speisesaal, wo wir halt machten, uns gegenseitig anschauten und in ein lautes Lachen ausbrachen.

2

Zwei Wochen später, noch vor dem Weihnachtsfest, waren wir in Petersburg.

Unsere Reise nach Petersburg, ein achttägiger Aufenthalt in Moskau, unsere beiderseitigen Verwandten, die Einrichtung der neuen Wohnung, die Fahrt, die neuen Stätten und Menschen – alles das ging wie ein Traum vorüber. Alles das war so mannigfaltig, so neu, so unterhaltend, und dabei von seiner Gegenwart und Liebe so hell und warm durchleuchtet, daß unser stilles Landleben mir als etwas längst Abgetanes, Nichtiges erschien. Zu meinem großen Erstaunen fand ich bei den Menschen, mit denen ich zusammenkam, durchaus nicht jenen weltmännischen Stolz und kalten Hochmut, den ich erwartet hatte, vielmehr traten mir alle, nicht nur die Verwandten, sondern auch Fernerstehende, mit so ungeheuchelter Freude und Liebenswürdigkeit entgegen, daß es schien, als hätten sie alle nur an mich gedacht, nur mich erwartet, damit ihnen selbst so recht wohl würde. Ebenso unerwartet war es für mich, daß, wie ich entdeckte, mein Mann in den Kreisen der Gesellschaft, selbst derjenigen, die mir die allererlesenste schien, sehr viele Bekannte besaß, von denen er niemals mit mir gesprochen hatte. Ich war nicht selten ein wenig peinlich berührt, wenn ich hörte, wie er über verschiedene dieser Leute, die mir so vortrefflich erschienen, ein recht strenges Urteil fällte. Ich konnte nicht begreifen, warum er so kühl mit ihnen verkehrte und so mancher Bekanntschaft, die mir für uns recht wertvoll schien, aus dem Wege zu gehen suchte. Ich war der Meinung, wir könnten nicht genug von diesen trefflichen Menschen kennen lernen, und nach meiner Ansicht waren sie alle ganz vortrefflich.

„Wie müssen zusehen, wie wir zurechtkommen," hatte er vor unserer Abreise nach Petersburg gesagt. „Hier auf dem Lande sind wir kleine Krösusse, dort aber werden wir nicht gerade als reiche Leute auftreten können. Wir werden also nur bis Ostern in der Stadt bleiben können und uns von der Gesellschaft fernhalten müssen, sonst können wir leicht in Schwierigkeiten geraten; ich möchte es auch deinetwegen nicht ..."

„Was sollen wir in der Gesellschaft?" antwortete ich. „Wir wollen ins Theater gehen, die Verwandten besuchen, die Oper und sonstige gute Musik hören – und dann wollen wir, noch vor Ostern, aufs Land zurückkehren."

Kaum aber waren wir in Petersburg angelangt, als auch alle diese braven Absichten schon vergessen waren. Ich fand mich plötzlich in eine so neue, glückliche Welt versetzt, so viele Freuden stürmten auf mich ein, so viele unbekannte, interessante Eindrücke drängten sich mir auf, daß ich im Handumdrehen, wenn auch unbewußt, meine ganze Vergangenheit und alle guten Vorsätze, die ich früher gehabt hatte, verleugnete. „Alles, was ich bisher erlebt habe, war eitel Spielerei, das wirkliche, echte Leben hatte für mich noch nicht begonnen – nun erst liegt es vor mir, dieses Leben!" dachte ich. Jene Unruhe, jene schwermütigen Anwandlungen, die ich auf dem Lande gehabt hatte, waren plötzlich wie durch Zaubermacht ganz und gar verschwunden. Die Liebe zu meinem Gatten war ruhiger geworden, und ich kam hier niemals dazu, darüber nachzugrübeln, ob seine Liebe zu mir nicht vielleicht im Abnehmen begriffen sei.

Wie hätte ich schließlich auch an dieser Liebe zweifeln sollen, da er doch jeden meiner Gedanken erriet, jedes meiner Gefühle teilte, jeden

Wunsch erfüllte. Seine Ruhe war hier verschwunden, oder sie reizte mich doch nicht mehr zum Widerspruch. Überdies hatte ich das Gefühl, daß neben seiner früheren Liebe noch eine andere Empfindung bei ihm sich zu regen begann: der Stolz auf mich, das Wohlgefallen an meinen Erfolgen. Nicht selten, wenn wir einen Besuch abgestattet, eine neue Bekanntschaft gemacht oder eine Abendgesellschaft bei uns gehabt hatten, bei der ich in beständiger Angst vor irgendeiner Ungeschicklichkeit die Hausfrau gespielt hatte, sprach er nachträglich zu mir: „Sehr gut hast du deine Sache gemacht, meine Kleine, nur keine Angst! Wirklich ausgezeichnet!“ Und ich war sehr erfreut über solches Lob. Bald nach unserer Ankunft in Petersburg hatte er an seine Mutter einen Brief geschrieben; er bat mich, auch meinerseits ein paar Zeilen hinzuzufügen, wollte jedoch nicht, daß ich läse, was er geschrieben hatte; ich bestand nun erst recht darauf, es zu lesen, und las: „Sie würden Mascha nicht wiedererkennen, liebe Mutter, wie auch ich selbst sie nicht wiedererkenne. Woher hat sie nur diese liebenswürdige, graziöse Sicherheit, diese gewandte Sprache, diesen Weltton und Schick? Und alles das erscheint an ihr so natürlich, so lieb, so gutherzig. Alle sind von ihr entzückt, und auch ich selbst kann sie nicht genug bewundern; und wenn's überhaupt möglich wäre, würde ich sie noch viel mehr lieben, als ich es ohnedies tue.“

„Ah, so also bin ich!“ dachte ich im stillen. Und es war mir so freudig und wohl zumute, als ich dies las, und es schien mir sogar, als liebe ich ihn jetzt noch mehr als zuvor. Mein Erfolg in den Kreisen aller unserer Bekannten kam mir vollkommen unerwartet. Von allen Seiten hörte ich, daß ich dort ganz besonders dem Onkel gefallen habe, daß hier die Tante in mich ganz verliebt sei; der eine sagte mir, es gebe in ganz Petersburg keine zweite junge Frau, die so reizend wäre wie ich, und ein anderer behauptete, ich brauchte nur zu wollen, und ich würde die gesuchteste Dame der Gesellschaft sein. Die schmeichelhaftesten Dinge sagte mir namentlich eine Cousine meines Mannes, eine Fürstin T., die als ältere Dame in der Gesellschaft noch eine große Rolle spielte und mich ganz und gar in ihr Herz geschlossen hatte. Sie verdrehte mir völlig den Kopf und lud mich – – es war das erstemal, daß mir das widerfuhr – zur Teilnahme an einem Balle ein. Als sie meinen Mann um die Erlaubnis dazu anging, wandte er sich nach mir um und fragte mich mit einem kaum merklichen spöttischen Lächeln, ob ich denn hinfahren wolle. Ich nickte bejahend mit dem Kopfe und fühlte, daß ich dabei errötete.

„Wie eine Verbrecherin, die ihre Übeltat eingesteht!“ sprach er gutmütig lachend.

„Du meintest allerdings, wir könnten keine Gesellschaften mitmachen, und du liebtest das überhaupt nicht,“ versetzte ich lächelnd, während ich ihn bittend ansah.

„Wenn dir so viel daran liegt, gehen wir hin,“ sagte er.

„Wir lassen es doch lieber ...“

„Liegt dir ... sehr viel daran?“ fragte er noch einmal.

Ich gab keine Antwort.

„Die Gesellschaft an sich ist noch kein so großes Übel,“ fuhr er fort – „aber die Wünsche, die sie rege macht, ohne sie befriedigen zu können – die sind vom Übel. Unbedingt müssen wir hinfahren – ja, wir müssen hin,“ sagte er in entschiedenem Tone.

„Ich will dir die Wahrheit gestehen: nichts in der Welt würde mir so viel Freude machen, wie der Besuch dieses Balles,“ sagte ich.

Wir fuhren hin, und das Vergnügen, das mir diese Festlichkeit bereitete, übertraf alle meine Erwartungen. Es schien mir, als sei ich auf dem Balle noch mehr als bisher der Mittelpunkt, um den sich alles drehte, als sei dieser große Saal nur um meinetwillen so hell erleuchtet, als spiele die Musik nur für mich, als seien alle diese Leute nur zusammengekommen, um über mich in Entzücken zu geraten. Vom Friseur und der Kammerzofe bis zu den Tänzern und den alten Herren, die den Saal durchwandelten, schienen alle mir sagen zu wollen, daß sie mich liebten. Das allgemeine Urteil, das sich auf diesem Balle über mich bildete, und das meine Cousine mir natürlich sogleich übermittelte, ging dahin, daß ich ganz anders sei als die andern Frauen, daß ich etwas ganz Besonderes, ländlich Frisches,

Entzückendes an mir habe. Dieser Erfolg schmeichelte mir so sehr, daß ich meinem Manne offen sagte, es sei mein sehnlicher Wunsch, in diesem Jahre noch zwei oder drei Bälle mitzumachen, „um der Sache gründlich überdrüssig zu werden," fügte ich – nicht ganz aufrichtig – hinzu.

Mein Mann ging gern darauf ein und machte die ersten Bälle mit sichtlichem Vergnügen mit; er freute sich über meine Erfolge und schien ganz vergessen zu haben, was er früher über diesen Punkt gesagt hatte, oder er schien doch jetzt ganz anderer Meinung zu sein.

Nach einiger Zeit jedoch begann er sich anscheinend zu langweilen und des Lebens, das wir führten, überdrüssig zu werden. Ich selbst war darüber anderer Ansicht; wenn ich bisweilen auch seinem ernst forschenden, fragend auf mich gerichteten Blicke begegnete, begriff ich doch dessen Bedeutung nicht. Ich war so berauscht von dieser Sympathie, die ich ganz plötzlich in so vielen mir sonst fremden Menschen erweckt zu haben meinte, von dieser Atmosphäre der Schönheit, der Freude, des Niegeahnten, die ich hier zum erstenmal einatmete, und ich fühlte mich plötzlich so frei von seinem erdrückenden moralischen Übergewicht, empfand es so angenehm, mich innerhalb dieser Sphäre mit ihm zu vergleichen und ihm überlegen zu fühlen, dafür jedoch ihn noch stärker, noch selbständiger zu lieben als früher, daß ich nicht begreifen konnte, was ihm eigentlich an meinem Verkehr in der Gesellschaft so mißfallen konnte. Ich hatte ein bisher nicht gekanntes Gefühl stolzen Selbstbewußtseins, wenn bei meinem Eintritt in den Ballsaal aller Augen sich mir zuwandten, während er, als sei es ihm peinlich, sich so vor aller Welt zu meinem Besitz zu bekennen, mich rasch allein ließ und in der Menge der schwarzen Fräcke verschwand.

„Wart'," dachte ich oft, während ich mit den Augen seine wenig auffallende, gelangweilt aussehende Gestalt am andern Saalende suchte – „wart', wenn wir erst zu Hause sind, dann wirst du schon verstehen und sehen, für wen ich mich schmücke, für wen ich zu glänzen suche, und was allein ich von alledem liebe, das mich am heutigen Tage umgibt."

Ich selbst war vollkommen überzeugt davon, daß meine Erfolge mir nur darum so viele Freude machten, weil ich sie ihm zu Füßen legen konnte. Nur eine Gefahr konnte mir in diesem Leben in der Gesellschaft erwachsen, dachte ich – daß ich mich in einen der Männer, denen ich dort begegnete, verliebte und die Eifersucht meines Gatten weckte; doch er vertraute mir so sehr, er schien mir so ruhig und gleichmütig, und alle diese jungen Leute kamen mir im Vergleich mit ihm so unbedeutend vor, daß diese, wie ich meinte, einzige Gefahr, die mir drohte, mich nicht weiter erschreckte. Die Aufmerksamkeit so vieler Leute machte mir Vergnügen, schmeichelte meiner Eitelkeit, ließ mich in meiner Liebe zu meinem Manne etwas besonders Verdienstvolles sehen und bewirkte, daß ich im Verkehr mit ihm selbstbewußter wurde, ja sogar mich ein wenig gehen ließ.

„Ich habe wohl bemerkt, wie lebhaft du dich heute mit der N. N. unterhalten hast," sagte ich eines Tages, als wir vom Ball nach Hause zurückkehrten, zu ihm und drohte ihm mit dem Finger. Ich hatte eine der bekanntesten Damen der Stadt genannt, mit der er sich in der Tat an diesem Abend unterhalten hatte. Ich sagte ihm das, um ihn aufzumuntern – er war an diesem Abend ganz besonders schweigsam und trüb gestimmt.

„O, sprich nicht so, Mascha! Wie kannst du nur so reden?" sagte er, den Mund schmerzlich verziehend und die Stirn runzelnd, als wenn er einen körperlichen Schmerz empfände. „Wie schlecht dir das zu Gesicht steht! Überlaß doch solche Worte den andern: diese Unaufrichtigkeiten könnten unser Verhältnis leicht übel beeinflussen – das, wie ich hoffe, bald wieder ganz klar und gut sein wird ..."

Ich schämte mich und schwieg.

„Was meinst du, Mascha – wird es bald wieder gut sein?" fragte er.

„Es ist noch niemals anders als gut gewesen und wird auch nie anders werden," sagte ich, und ich glaubte wirklich, aufrichtig zu sprechen.

„Gott möge es so fügen," sagte er – „sonst wäre es vielleicht besser, daß wir nach Hause zurückkehren."

Es war das einzigemal, daß er so mit mir sprach, während all der übrigen Zeit meinte ich, es sei ihm ebenso wohl ums Herz wie mir selbst, deren Seele von Freude und Lust erfüllt war. Wenn er sich jetzt ein klein wenig langweilt – tröstete ich mich – so habe auch ich mich dafür auf dem Dorfe um seinetwillen gelangweilt; und wenn unsere Beziehungen sich in etwas gewandelt haben sollten, so wird sich das alles von selbst wieder ausgleichen, sobald wir im Sommer erst wieder mit Tatjana Semjonowna zusammen in unserem Hause auf Nikolskoje sind.

So ging der Winter vorüber, ehe ich's merkte, und ganz gegen unsere ursprüngliche Absicht brachten wir auch die Osterzeit in Petersburg zu. Am Sonntag nach Ostern machten wir uns zur Abreise fertig, unser Gepäck stand schon bereit, und mein Mann, der bereits die Reiseandenken und verschiedene Einrichtungsgegenstände für unser Haus auf dem Lande gekauft hatte, war in besonders zärtlicher und froher Stimmung. Da erschien plötzlich seine Cousine bei uns und bat uns, doch noch bis zum Sonnabend zu bleiben und einen Rout, der an diesem Tage bei der Gräfin R. stattfinde, zu besuchen. Sie sagte, die Gräfin lege ein ganz besonderes Gewicht auf mein Erscheinen, und der gerade in Petersburg weilende Prinz M., den ich auf dem letzten Balle kennen gelernt hatte, komme eigens zu dem Rout, um mich noch einmal zu sehen: er habe mich für die schönste Frau in ganz Rußland erklärt. Die ganze Stadt werde da sein, und es würde von mir sehr unrecht sein, wenn ich nicht auch hinkäme.

Mein Mann sprach mit irgend jemandem am andern Ende des Zimmers.

„Nun, Mary, werden Sie kommen?“ fragte die Cousine.

„Wir wollten übermorgen aufs Land fahren,“ versetzte ich unentschlossen und sah meinen Mann an. Unsere Blicke kreuzten sich, und er wandte sich hastig ab.

„Ich will ihm zureden, daß er noch dableibt,“ sagte die Cousine. „Wir wollen dann am Sonnabend zu R. fahren und den Männern die Köpfe verdrehen – wie?“

„Das würde unsere Pläne stören, wir haben schon unsere Sachen gepackt,“ antwortete ich, im stillen schon nachgebend.

„Am besten macht sie dem Prinzen wohl gleich heute abend ihre Aufwartung,“ bemerkte mein Mann in einem Tone, aus dem die verhaltene Erregung hervorklang, vom andern Ende des Zimmers her. Noch niemals hatte ich ihn in diesem Tone sprechen hören.

„Ach, er ist eifersüchtig, das bemerk' ich zum ersten Male!“ sagte die Cousine lachend. „Aber es geschieht doch nicht des Prinzen wegen, Sergjej Michajlowitsch, sondern um unser aller willen, daß ich ihr so zurede. Die Gräfin R. läßt Sie herzlichst darum bitten.“

„Es hängt ganz von ihr ab, ob sie hingehen will oder nicht,“ sagte mein Mann kalt und ging aus dem Zimmer.

Ich sah, daß er erregter war als sonst; das war mir peinlich, und ich gab der Cousine kein bestimmtes Versprechen. Kaum hatte sie uns verlassen, als ich sogleich meinen Mann aufsuchte. Er ging, tief in Gedanken versunken, auf und ab und sah und hörte nichts, als ich auf den Zehenspitzen ins Zimmer geschlichen kam.

„Er träumt schon von seinem lieben Hause in Nikolskoje,“ dachte ich, während ich ihn ansah – „vom Morgenkaffee in dem hellen Frühstückszimmer, von seinen Feldern und Bauern, von den Abenden im Divanzimmer und den geheimnisvollen nächtlichen Imbissen ... Nein,“ entschied ich bei mir selbst – „alle Bälle der Welt und die Komplimente aller Prinzen gebe ich hin für seine freudige Verwirrung, seine stillen Liebkosungen.“ Ich wollte ihm sagen, daß ich die Gesellschaft nicht besuchen würde und überhaupt keine Lust hätte, noch irgend etwas mitzumachen, als er sich plötzlich umwandte und mich erblickte. Der zärtlich-nachdenkliche Ausdruck seines Gesichtes verschwand, und er runzelte die Stirn. Wiederum erschien darauf jene überlegene, forschende Miene, mit einem Ausdruck gönnerhafter Ruhe gepaart. Er wollte nicht, daß ich in ihm den schlichten, natürlichen Menschen sähe; es war ihm ein Bedürfnis, stets vor mir auf einem Piedestal als ein Halbgott zu stehen.

„Was gibt's, meine Liebe?“ fragte er, sich gleichgültig und ruhig nach mir umwendend.

Ich antwortete nicht. Ich ärgerte mich, daß er sich vor mir verstellte und sich mir nicht so zeigen wollte, wie ich ihn liebte.

„Willst du am Sonnabend die Gesellschaft besuchen?“ fragte er.

„Ja,“ antwortete ich, „aber du siehst es ja nicht gern. Und dann haben wir ja auch schon gepackt,“ fügte ich hinzu.

Noch niemals hatte er mich so kalt angesehen, noch nie so kalt mit mir gesprochen.

„Ich reise vor Dienstag nicht ab und lasse alles wieder auspacken,“ versetzte er – „du kannst also hingehen, wenn du willst. Tu mir den Gefallen und geh hin. Ich werde nicht abreisen.“

Wie immer, wenn er erregt war, ging er mit ungleichen Schritten im Zimmer auf und ab und sah mich nicht an.

„Ich begreife dich wirklich nicht,“ sprach ich, während ich stehen blieb und ihm mit den Augen folgte – „du sagst, du seist immer so ruhig“ – er hatte das in Wahrheit nie gesagt – „warum sprichst du nun in so sonderbarem Tone mit mir? Ich bin bereit, deinetwegen auf dieses Vergnügen zu verzichten, und du verlangst auf eine so ironische Art, wie du noch nie mit mir gesprochen hast, daß ich hinfahren soll!“

„Ach so – du verzichtest also!“ sagte er, das letzte Wort ganz besonders betonend. „Nun denn – auch ich verzichte darauf, meine Wünsche durchzusetzen. Was will man noch mehr? Ein Wettkampf der Großmut! Was fehlt uns nun noch zum rechten häuslichen Glück?“

Es war das erstemal, daß ich so boshaft höhnische Worte von ihm hörte. Doch sein Hohn rief nicht das Gefühl der Beschämung, sondern das der Gekränktheit in mir hervor, und die Bosheit seiner Worte erschreckte mich nicht, sondern weckte vielmehr in mir gleichfalls ein böses Empfinden. War er es denn wirklich, der so zu mir sprach – er, der stets alle Phrasen in unserem Verkehr so sorgfältig vermieden hatte, stets so einfach und aufrichtig gewesen war? Und warum das alles? Einzig darum, weil ich wirklich in aller Aufrichtigkeit ihm ein Vergnügen geopfert hatte, in dem ich nichts Böses sehen konnte, weil ich eben noch so redlich bemüht gewesen war, ihn liebevoll zu verstehen und ihm gerecht zu werden? Unsere Rollen waren also jetzt vertauscht: er bemühte sich, einer einfachen, ehrlichen Erklärung aus dem Wege zu gehen, während ich es gerade auf eine solche abgesehen hatte.

„Du hast dich sehr verändert," sagte ich mit einem Seufzer. „Was habe ich mir denn gegen dich zuschulden kommen lassen? Es ist nicht diese Gesellschaft, deretwegen du mir böse bist, sondern irgend etwas anderes, das du schon lange gegen mich auf dem Herzen hast. Warum diese Unaufrichtigkeit? War sie dir nicht früher ganz besonders verhaßt? Sag's doch ganz offen, was du gegen mich hast!"

„Was wird er nur antworten?" dachte ich – ich konnte mir getrost das Zeugnis ausstellen, daß ich mir während dieses ganzen Winters in keiner Weise etwas vergeben hatte.

Ich war mitten in das Zimmer getreten, so daß er ganz dicht an mir vorübergehen mußte, und sah ihn an. Er wird auf mich zukommen, dachte ich, wird mich in seine Arme schließen, und alles wird wieder gut sein – fast bedauerte ich schon, daß ich keine Gelegenheit haben würde, ihm zu beweisen, wie sehr er im Unrecht sei.

Aber er blieb ganz am Ende des Zimmers stehen und sah mich an.

„Du begreifst noch immer nicht?" sagte er.

„Nein."

„Nun, dann will ich es dir sagen. Es widert mich an ... ja, zum erstenmal widert es mich an, was ich empfinde, und was ich unbedingt empfinden muß ..."

Er hielt, offenbar über den rauhen Klang seiner Worte erschrocken, in seiner Rede inne.

„Was denn?" fragte ich, und die Tränen traten mir vor Erregung in die Augen.

„Es widert mich an, daß dieser Prinz dich hübsch findet, und daß du ihm deshalb, deinen Gatten, dich selbst und deine Frauenwürde vergessend, nachlaufen willst; es widert mich an, daß du nicht begreifst, was dein Gatte empfinden muß, wenn er sieht, daß dir das Gefühl für deine eigene Würde so ganz und gar mangelt; es widert mich an, daß du deinem Gatten sagen kannst, du verzichtest auf diese Ehre, dieses große Glück, dich Seiner Hoheit zu zeigen – ein geradezu maßloses Glück, aber du verzichtest eben ...“

Je länger er sprach, desto mehr erhitzte er sich am Klange seiner eigenen Stimme, der geradezu hart, verletzend und grausam wurde. Ich hatte ihn niemals so gesehen, noch es überhaupt für möglich gehalten, daß er so sein könnte; alles Blut drang mir zum Herzen, und ich fürchtete mich vor ihm, zugleich aber ergriff mich ein Gefühl unverdienter Beschämung und verletzter Eigenliebe, und ich bekam Lust, mich an ihm zu rächen.

„Ich habe das längst erwartet,“ sagte ich, „immer sprich nur, sprich!“

„Ich weiß nicht, was du erwartet hast,“ fuhr er fort. „Ich habe jedenfalls das Schlimmste erwartet, als ich dich Tag für Tag in dem Schmutz, der Trägheit, dem Luxus dieser törichten Gesellschaft sah, und nun ist's eingetroffen ... Ja, es ist wirklich eingetroffen, was mich mit Schmerz und Scham erfüllt, wie ich sie noch nie empfunden – daß diese deine Freundin mir mit ihren unsauberen Händen ans Herz greifen und von Eifersucht sprechen kann, von meiner Eifersucht – gegen wen? Gegen einen Menschen, den du so wenig kennst, wie ich ihn kenne! Und du – du tust dir noch etwas darauf zugute, daß du mich nicht verstehen magst, du sprichst von verzichten, von Opfern, die du bringst – ja was opferst du denn eigentlich? ... Scham erfüllt mich, Scham über deine Erniedrigung! ... Ein Opfer!“ wiederholte er.

„Das ist also die Macht des Mannes!“ dachte ich. „Die Frau beleidigen und erniedrigen, wenn sie noch so unschuldig ist – darin bestehen die Rechte des Mannes! Doch ich werde mich nicht fügen, niemals ...“

„Nein, ich werde dir keine Opfer bringen,“ sagte ich, während ich deutlich fühlte, wie sich meine Nüstern weiteten und das Blut aus meinem

Gesichte wich. „Ich werde am Sonnabend die Gesellschaft besuchen, ganz bestimmt besuche ich sie!"

„Gott gebe dir deinen Segen dazu – zwischen uns aber ist alles aus!" rief er in einem Ausbruche jäher Wut. „Du sollst mich nicht länger quälen. Ich war ein Narr, daß ich ..." begann er von neuem, doch seine Lippen erbebten, und er tat sich sichtlich Zwang an, um den begonnenen Satz nicht zu beenden.

Ich fürchtete und haßte ihn in diesem Augenblick. Ich wollte ihm so vieles sagen und mich rächen wegen all der Beleidigungen, die er mir angetan hatte – aber ich wäre in Tränen ausgebrochen und hätte meiner Ehre etwas vergeben, wenn ich jetzt nur den Mund aufgetan hätte. Schweigend verließ ich das Zimmer – kaum aber vernahm ich seine Schritte nicht mehr, als ich plötzlich von jähem Schreck über das, was wir getan hatten, erfüllt ward. Eine wahre Angst ergriff mich, daß das Band, das mein ganzes Glück ausgemacht, wirklich für immer zerrissen sein sollte, und ich wollte wieder umkehren.

„Aber wird er auch schon ruhig genug geworden sein," dachte ich, „um mich zu verstehen, wenn ich ihm schweigend die Hand reiche und ihn anblicke? Wird er meine Großmut begreifen? Und wenn er meinen Schmerz als Heuchelei bezeichnet? Oder wenn er im stolzen Bewußtsein seines Rechts mit hochmütig ruhiger Miene das Geständnis meiner Schuld und Reue entgegennimmt und mir gnädig verzeiht? ... Ach, warum, warum hat er, den ich so sehr liebte, mich so grausam beleidigt!"

Ich ging nicht zu ihm, sondern begab mich in mein Zimmer, wo ich lange allein saß und weinte. Ich rief mir jedes Wort unseres Gesprächs ins Gedächtnis zurück, ich ersetzte die einzelnen Worte durch andere, fügte neue, gütige Worte hinzu und gedachte mit einem Gefühl des Schreckens und der Kränkung alles dessen, was vorgefallen. Als ich am Abend zum Tee kam und in Gegenwart eines Bekannten, der gerade zum Besuch da war, mit meinem Manne zusammentraf, da fühlte ich deutlich, daß vom heutigen Tage an ein jäher Abgrund zwischen uns gähnte. Der Gast fragte mich, wann wir abzureisen gedächten, ich fand jedoch keine Zeit, ihm zu antworten, denn mein Mann sagte rasch:

„Am Dienstag ... wir wollen noch die Gesellschaft bei der Gräfin R. besuchen. Du fährst doch hin?“ wandte er sich an mich.

Ich erschrak über den seltsamen Ton seiner Stimme und blickte schüchtern nach ihm hin. Seine Augen waren gerade auf mich gerichtet, Bosheit und Spott lagen in seinem Blick, und seine Stimme klang, bei aller Natürlichkeit, kalt und gemessen.

„Ja,“ versetzte ich auf seine Frage.

Als wir am Abend allein waren, trat er auf mich zu und reichte mir die Hand.

„Vergiß, bitte, was ich zu dir gesagt habe,“ sprach er.

Ich nahm seine Hand, ein zitterndes Lächeln glitt über mein Gesicht, und ich wollte in Tränen ausbrechen, aber er zog seine Hand zurück und setzte sich, als fürchte er sich vor einer rührseligen Szene, ziemlich weit von mir auf einen Sessel.

„Glaubt er wirklich noch immer im Recht zu sein?“ dachte ich, und alles das, was ich ihm sagen wollte, alle guten Worte, und auch die Bitte, mir doch den Besuch der Gesellschaft zu erlassen, blieben unausgesprochen.

„Wir müssen die Mutter davon benachrichtigen, daß wir unsere Abreise verschoben haben,“ sagte er, „sonst beunruhigt sie sich.“

„Wann gedenkst du denn abzureisen?“ fragte ich.

„Am Dienstag nach der Gesellschaft,“ antwortete er.

„Hoffentlich bleibst du nicht meinetwegen länger hier?“ sagte ich und sah ihm in die Augen; aber diese Augen waren wie durch einen Schleier vor mir verhüllt, ich konnte nichts in ihnen lesen. Sein Gesicht erschien mir plötzlich alt und unangenehm.

Wir besuchten die Gesellschaft, und äußerlich schienen unsere Beziehungen wieder ganz freundschaftlich und herzlich geworden zu sein, in Wirklichkeit jedoch waren sie von ganz anderer Art als früher.

Am Abend, bei der Gräfin R., saß ich eben inmitten der Damen, als der Prinz sich mir näherte, und zwar von der Seite her, so daß ich aufstehen mußte, um mit ihm zu sprechen. Während ich mich erhob, suchten meine Augen unwillkürlich meinen Mann, und ich sah, wie er vom andern Ende des Saales zu mir herblickte und sich abwandte. Ein Gefühl der Scham und des Schmerzes ergriff mich, ich geriet in eine peinliche Verwirrung und errötete jäh unter dem Blicke des Prinzen. Ich mußte jedoch stehen bleiben und anhören, was er zu mir sprach, während er mich von oben herab betrachtete. Unser Gespräch währte nicht lange – er konnte nicht neben mir Platz nehmen, und er hatte jedenfalls das Gefühl, daß die Unterhaltung mir sehr peinlich sei. Sie drehte sich um den letzten Ball, um meine Pläne für den nächsten Sommer usw. Als er mich verließ, sprach er den Wunsch aus, auch die Bekanntschaft meines Gatten zu machen, und ich sah, wie sie dann am andern Ende des Saales einander begegneten und sich unterhielten. Der Prinz muß wohl auch meine Person in die Unterhaltung hineingezogen haben, denn ich bemerkte, wie er mitten in der Unterhaltung sich lächelnd nach der Seite, wo ich mich befand, umwandte. Mein Mann fuhr plötzlich heftig auf, verneigte sich tief und ließ den Prinzen stehen. Ich errötete unwillkürlich – mit einem Gefühl der Beschämung suchte ich mir klarzumachen, welchen Eindruck der Prinz wohl von mir und meinem Gatten erhalten haben mochte. Ich war überzeugt, daß alle Anwesenden bemerkt haben mußten, wie verlegen ich während des Gespräches mit dem Prinzen gewesen war, und wie sonderbar mein Mann sich benommen. Gott weiß, wie sie das alles deuten mochten: ob sie vielleicht gar ahnten, was zwischen mir und meinem Manne vorgefallen?

Die Cousine brachte mich nach Hause, und unterwegs sprachen wir von meinem Manne. Ich konnte nicht an mich halten und erzählte ihr alles, was aus Anlaß dieser unglücklichen Abendgesellschaft zwischen mir und ihm vorgefallen war. Sie suchte mich zu beruhigen, meinte, das seien alles nur nichtssagende, kleine Zwistigkeiten, die überall vorkommen können und spurlos vorübergehen; sie sagte mir ihre Meinung über den Charakter meines Mannes, den sie als sehr verschlossen und stolz bezeichnete. Ich pflichtete ihr bei, und es schien mir, als ob ich selbst ihn mit einem Mal ruhiger und besser zu beurteilen anfinge.

Als ich jedoch dann später wieder mit meinem Gatten allein war, lag dieses Urteil mir wie ein Verbrechen auf der Seele, und ich hatte das Gefühl, als wäre die Kluft, die mich von ihm trennte, noch größer geworden.

3.

Von jenem Tage an veränderte sich unser Leben und unser gegenseitiges Verhältnis von Grund auf. Wir fühlten uns nun nicht mehr so zufrieden und beglückt, wenn wir ganz für uns allein waren. Es gab Fragen, die wir im Gespräch möglichst nicht berührten, und es fiel uns leichter, in Gegenwart Dritter miteinander zu sprechen, als unter vier Augen. Sobald die Rede auf das Landleben oder auf einen Ball kam, war uns, als wenn es plötzlich vor unsern Augen zu flimmern begänne, und wir sahen einander verlegen an. Wir fühlten gleichsam beide, wo der Abgrund lag, der uns voneinander trennte, und wir vermieden es, uns ihm zu nähern. Ich war davon überzeugt, daß er stolz und jähzornig war, und daß ich vorsichtig sein mußte, um nicht seine schwachen Seiten zu verletzen. Er wiederum glaubte bestimmt, daß ich ohne den Verkehr in der Gesellschaft nicht leben könne, daß das Leben auf dem Lande mir nicht behage und er dieser unglücklichen Neigung sich fügen müsse. Wir gingen jeder offenen Aussprache über diese Themata aus dem Wege und gewannen so ein ganz falsches Urteil über einander. Längst schon hatten wir aufgehört, füreinander die vollkommensten Menschen auf der Welt zu sein; wir zogen Vergleiche mit Dritten und dachten insgeheim gering voneinander.

Vor der Abreise war ich erkrankt, und statt aufs Land zu gehen, bezogen wir eine Villa in der Nähe der Stadt, von wo aus mein Mann allein zu seiner Mutter reiste. Als er abreiste, war ich bereits wieder soweit hergestellt, daß ich ihn hätte begleiten können, doch wußte er mich unter dem Vorwande, er sei um meine Gesundheit besorgt, zum Bleiben zu bewegen. Ich fühlte jedoch, daß er nicht sowohl um meine Gesundheit besorgt war, als vielmehr befürchtete, unser Leben im Dorfe könnte sich unbehaglich gestalten. Ich bestand nicht gerade darauf, mit ihm zu gehen, und ließ ihn allein abreisen. Während seiner Abwesenheit fühlte ich mich einsam und verlassen; als er jedoch zurückkehrte, merkte ich, daß er nicht mehr ein so wesentlicher Teil meines Lebens war wie früher. Wie anders war das früher gewesen, als jeder Gedanke, jeder Eindruck, den ich ihm nicht mitteilte, mich wie ein begangenes Verbrechen bedrückte, als jede seiner Handlungen mir vollkommen, jedes seiner Worte mir heilig erschien, als wir vor lauter Freude über jedes, auch das geringste Ding lachen konnten, sobald wir einander nur anblickten! Diese Beziehungen hatten sich ganz unmerklich vollkommen gewandelt, ohne daß wir uns darüber Rechenschaft geben konnten, wie dies eigentlich geschehen. Jedes von uns hatte jetzt seine besonderen Interessen und Angelegenheiten, die wir nicht mehr zu unseren gemeinsamen zu machen versuchten. Es beunruhigte uns auch gar nicht mehr, daß jedes von uns seine eigene Welt hatte, die dem andern fremd war. Wir gewöhnten uns nach und nach an diesen neuen Zustand, und als ein Jahr herum war, flimmerte es uns gar nicht mehr vor den Augen, wenn wir einander ansahen. Seine plötzlichen Ausbrüche von Fröhlichkeit, seine Kindlichkeit, seine milde, verzeihende Denkweise und seine Gleichgültigkeit gegen alles, was nicht uns betraf – alles das verschwand mit der Zeit ganz und gar. Niemals wieder begegnete ich bei ihm jenem tiefen Blick, der mich früher mit Unruhe und Seligkeit erfüllt hatte, nie wieder beteten wir, nie jauchzten wir miteinander. Ja wir sahen einander nicht einmal allzu oft – er war beständig unterwegs und trug durchaus kein Bedenken, mich allein zu lassen, und ich ging ganz und gar in der Gesellschaft auf, in der ich seiner nicht bedurfte.

Szenen und Streitigkeiten gab es zwischen uns nicht mehr; ich suchte ihm das Leben behaglich zu machen, er erfüllte jeden meiner Wünsche, und es sah ganz so aus, als liebten wir einander.

Wenn wir allein waren, was nur selten vorkam, hatte ich weder ein besonderes Gefühl der Freude, noch empfand ich Aufregung oder Verlegenheit – es war mir zumute, als sei ich ganz allein, ganz für mich da. Ich wußte sehr wohl, daß es mein Mann war, der da neben mir saß – nicht irgendein Unbekannter, sondern eben mein Mann, ein braver Mensch, den ich kannte wie mich selbst. Ich war davon überzeugt, daß ich ganz genau wußte, was er tun, was er sagen, wie er dreinschauen würde; und wenn er einmal anders handelte oder anders blickte, als ich es erwartet hatte, dann glaubte ich, er habe einen Irrtum begangen. Ich erwartete nichts von ihm. Er war, mit einem Wort, mein Gatte und weiter nichts. Ich war überzeugt, daß dies so sein müsse, daß es keine anderen Beziehungen zwischen Mann und Frau gebe, daß niemals andere Beziehungen zwischen uns bestanden hatten. Wenn er verreiste, fühlte ich mich, zumal in der ersten Zeit, vereinsamt, und es war mir bange zumute; ich fühlte, wenn er nicht anwesend war, stärker, welche Stütze, welchen Schutz ich an ihm hatte; kehrte er heim, so fiel ich ihm um den Hals vor lauter Freude, doch zwei Stunden später war diese Freude ganz vergessen, und ich hatte ihm nichts weiter zu sagen. Nur in den Augenblicken stiller, maßvoller Zärtlichkeit, die wir hatten, war mir, als sei doch nicht alles so zwischen uns, wie es sein müßte, und dieselbe Empfindung glaubte ich auch in seinen Augen zu lesen. Es gab da, wie mir schien, eine Grenze der Zärtlichkeit, die er nicht überschreiten wollte, und die ich nicht überschreiten konnte. Zuweilen überkam mich eine schwermütige Stimmung, doch hatte ich keine Zeit, über ihre Ursache lange nachzugrübeln, und beeilte mich, diese Schwermut, die durch das unklare Bewußtsein von der Wandlung unserer gegenseitigen Beziehungen hervorgerufen ward, über all den Zerstreuungen zu vergessen, die mir beständig in meinen Kreisen winkten. Das Leben in der Welt, das mich anfangs durch seinen Glanz und die Triumphe, die es meiner Eitelkeit bereitet hatte, in eine Art Betäubung versetzte, beherrschte bald meine Neigungen vollkommen, wurde mir zur Gewohnheit, schlug mich ganz in seine Fesseln und trat völlig an die Stelle des Gefühlslebens in meiner Seele. Ich war nie mehr mit mir allein und fürchtete mich, über meine Lage tiefer nachzudenken. Meine ganze Zeit, vom späten Morgen, wenn ich mich erhob, bis tief in die Nacht hinein war in Anspruch genommen und gehörte nicht mir selbst. Ich empfand weder Freude noch auch Langeweile – es war mir eben, als könne das nur so und nicht anders sein.

So gingen drei Jahre dahin, und während dieser Zeit blieben unsere Beziehungen ganz dieselben, als seien sie auf einem Fleck stehen geblieben, als seien sie erstarrt und könnten weder schlechter noch besser werden. In diese drei Jahre fielen zwei wichtige Ereignisse unseres Ehelebens, die jedoch beide auf mein Leben keinen wesentlichen Einfluß ausübten – nämlich die Geburt meines ersten Kindes und der Tod Tatjana Semjonownas. In der ersten Zeit hatte mich zwar das Gefühl meiner Mutterwürde mit solcher Macht ergriffen und mich in einen so unerwartet köstlichen Rausch des Entzückens versetzt, daß ich dachte, ein neues Leben habe für mich begonnen; doch schon nach zwei Monaten, als ich wieder auszugehen begann, ging dieses Gefühl, sich allmählich abschwächend, in Gewohnheit und kalte Pflichterfüllung über. Mein Mann war im Gegensatz dazu seit der Geburt unseres ältesten Sohnes wieder der alte geworden, so sanft, so ruhig und häuslich, und hatte seine ganze Zärtlichkeit und Liebe auf das Kind übertragen. Oft, wenn ich im Ballkleid in das Zimmer des Kleinen trat, um mich für die Nacht von dem Kinde zu verabschieden, traf ich meinen Mann an seinem Bettchen, sah seinen streng prüfenden Blick vorwurfsvoll auf mich gerichtet und empfand plötzlich Gewissensbisse. Ich erschrak über meine Gleichgültigkeit gegen das Kind und fragte mich: „Bin ich denn schlechter als andere Frauen? Doch was soll ich tun?“ dachte ich – „ich liebe meinen Sohn, aber ich kann doch nicht tagelang bei ihm sitzen – das langweilt mich, und verstellen will ich mich um keinen Preis.“

Der Tod seiner Mutter bereitete ihm tiefen Kummer; es fiel ihm schwer, wie er sagte, ohne sie in Nikolskoje zu leben; mir dagegen wäre, so aufrichtig ich auch um sie trauerte und den Schmerz meines Mannes mitfühlte, gerade jetzt das Leben auf dem Landgute angenehmer und ruhiger erschienen. Wir hatten diese drei Jahre größtenteils in der Stadt zugebracht – auf dem Lande war ich nur einmal zwei Monate lang gewesen, und im dritten Jahre waren wir dann ins Ausland gereist.

Wir brachten den Sommer in den Bädern zu. Ich war damals einundzwanzig Jahre alt. Unsere Vermögenslage war, wie ich glaubte, eine glänzende, und von meinem Eheleben erwartete ich nicht mehr, als es mir bisher schon gewährt hatte. In meinen Kreisen glaubte ich allgemein beliebt zu sein. Meine Gesundheit war vortrefflich, meine Toiletten waren die schönsten, die man in den Bädern zu sehen bekam, ich wußte, daß ich schön war, zudem war das Wetter prächtig. Eine Atmosphäre von Schönheit und Eleganz umgab mich, und ich war in ausgezeichneter Stimmung. Meine heitere Laune war jedoch nicht von der Art, wie sie in Nikolskoje gewesen, als ich fühlte, daß mein Glück in mir selbst ruhte, daß ich glücklich war, weil ich mein Glück verdiente, daß mein Glück zwar groß war, aber doch noch weit größer sein müßte, daß alles in mir immer mehr, immer mehr Glück verlangte. Das war damals anders gewesen – doch auch in diesem Sommer war mir recht wohl zumute. Ich sehnte mich nach nichts, hegte keine Hoffnung und keine Furcht, mein Leben erschien mir in jeder Hinsicht ausgefüllt, und mein Gewissen glaubte ich vollkommen ruhig. Unter den jungen Leuten, die ich während jener Saison kennen lernte, befand sich nicht ein einziger, den ich in irgendeiner Hinsicht vor den andern ausgezeichnet hätte, jedenfalls nicht vor dem alten Fürsten K., unserem Gesandten, der mir ein wenig die Cour machte. Der eine war mir ein bißchen zu jung, der andere wieder etwas zu alt; jener Engländer erschien mir gar zu blond, und der Franzose mit dem kleinen Kinnbart wollte mir auch nicht gefallen: sie alle waren mir völlig gleichgültig, wenn ich auch ihre Gesellschaft nicht entbehren konnte. Sie gehörten mit ihren ausdruckslosen, heiteren Gesichtern eben notwendig zu jener lebenslustigen Atmosphäre, die mich umgab. Nur einer von ihnen, ein italienischer Marchese D., wußte durch die Kühnheit, mit der er seinem Entzücken über mich Ausdruck gab, meine Aufmerksamkeit mehr als die andern auf sich zu ziehen. Er verpaßte keine Gelegenheit, in meiner Gesellschaft zu sein, mit mir zu tanzen, auszureiten, mich im Kasino zu treffen usw. und mir zu sagen, daß ich schön sei. Mehrmals sah ich ihn vom Fenster aus an unserm Hause vorübergehen, und oftmals hatte der unangenehm stechende Blick seiner funkelnden Augen mich veranlaßt, zu erröten und mich abzuwenden. Er war jung, stattlich, elegant, und hatte, was mir besonders auffiel, in seinem Lächeln und der Form seiner Stirn viel Ähnlichkeit mit meinem Manne, obschon er weit hübscher war als dieser. Diese Ähnlichkeit hatte mich frappiert, obgleich er sonst, um den Mund, um das lange Kinn wie auch im Blick nicht jenen bestrickenden Ausdruck der Güte und idealen Ruhe hatte, wie er meinem Manne eigen war, sondern vielmehr etwas Rohes, Tierisches seine Züge entstellte. Ich nahm damals an, er sei in der Tat von einer Leidenschaft für mich ergriffen, und empfand zuweilen eine Art stolzen Mitleids mit ihm. Ich wollte ihn beruhigen, wollte einen Ton halb freundschaftlicher, stiller Vertraulichkeit ihm gegenüber anschlagen, doch er wies diese meine Versuche schroff zurück und fuhr fort, mich mit seiner mir unangenehmen, zwar noch nicht ausgesprochenen, doch jeden Augenblick dem Ausbruch nahen Leidenschaft zu beunruhigen. Ohne es mir selbst einzugestehen, fürchtete ich doch diesen Mann und dachte unwillkürlich öfters an ihn. Mein Mann war mit ihm bekannt, behandelte ihn jedoch noch kühler und zurückhaltender als unsere übrigen Bekannten, für die er nur der Gatte seiner Frau war.

Gegen Ende der Saison wurde ich krank und konnte zwei Wochen lang das Haus nicht verlassen. Als ich zum ersten Male nach meiner Krankheit wieder ausging und auf dem Abendkonzert erschien, erfuhr ich, daß inzwischen die schon längst erwartete, ihrer Schönheit wegen berühmte Lady S. angekommen sei. Es bildete sich sogleich ein Kreis um mich, und man begrüßte mich freudig, noch größer und vornehmer jedoch war der Kreis, der sich um die soeben angekommene Löwin gebildet hatte. Alles um mich sprach nur von ihr und ihrer Schönheit. Man zeigte sie mir, und sie war in der Tat, wie ich zugeben mußte, ein reizvolles Geschöpf, doch machte ihre selbstzufriedene Miene auf mich einen unangenehmen Eindruck, und ich zögerte nicht, das offen auszusprechen.

An diesem Tage langweilte mich alles, was mir früher so unterhaltsam erschienen war. Tags darauf veranstaltete Lady S. einen Ausflug nach dem

Schlosse; ich lehnte es ab, mich daran zu beteiligen. Es blieb fast niemand bei mir zurück, und alles nahm plötzlich in meinen Augen ein anderes Aussehen an. Alles erschien mir so banal und langweilig, ich war dem Weinen nahe und wünschte nur, meine Kur so rasch wie möglich zu beenden und nach Rußland zurückzukehren. Ein häßliches Gefühl, das ich mir selbst noch nicht eingestehen mochte, bemächtigte sich meiner Seele. Ich ließ verbreiten, daß ich krank sei, und hielt mich fern von der großen Gesellschaft; nur des Morgens ging ich zuweilen aus, ganz allein, um Brunnen zu trinken, oder ich machte mit L. M., einer russischen Bekannten, gelegentlich Spazierfahrten in der Umgegend. Mein Mann war damals gerade abwesend – er war für einige Zeit nach Heidelberg gefahren, wo er die Beendigung meiner Kur abwarten wollte, um dann heimzukehren. Nur einige Male hatte er mich im Bade besucht.

Eines Tages hatte die ganze Gesellschaft, mit Lady S. an der Spitze, eine Partie unternommen, während ich am Nachmittag mit L. M. nach dem Schlosse gefahren war. Unsere Kalesche fuhr im Schritt auf der vielfach gewundenen Chaussee dahin, zwischen den hundertjährigen Kastanien, durch die in der Ferne die anmutige badische Landschaft in den Strahlen der untergehenden Sonne sichtbar wurde. Wir waren in einem ernsthaften Gespräch begriffen, wie wir es noch niemals geführt hatten. L. M., die ich schon lange kannte, erschien mir jetzt zum erstenmal als eine prächtige, kluge Frau, mit der man über alles sprechen konnte, und deren Freundschaft zu erwerben sich wohl lohnte. Wir sprachen von der Ehe, von den Kindern, von der Hohlheit des Lebens, das man in den Bädern führt; wir sehnten uns nach Rußland, nach dem Leben auf dem Dorfe, und es ward uns wohlig und weh zugleich ums Herz.

Ganz im Banne dieser ernsten Stimmung, betraten wir das Schloß. In seinen Mauern war es schattig und kühl, oben auf den Ruinen spielte der Sonnenschein, man vernahm Schritte und Stimmen. Durch das Tor erblickten wir wie in einem Rahmen die reizvolle, für uns Russen jedoch kalte badische Landschaft. Wir hatten uns gesetzt, um ein wenig auszuruhen, und schauten auf die untergehende Sonne. Die Stimmen erklangen nun deutlicher, und es schien mir, als würde mein Name genannt. Ich horchte auf und vernahm unwillkürlich jedes einzelne Wort. Ja, es waren die Stimmen von Bekannten: der Marchese D. und sein Freund, ein Franzose, den ich gleichfalls kannte, waren es, die sich über mich unterhielten. Sie verglichen mich mit Lady S., und der Franzose analysierte meine und ihre Schönheit. Er sagte nichts, was mich hätte verletzen können, doch alles Blut drang mir zum Herzen, als ich seine Worte vernahm. Er demonstrierte dem andern bis ins einzelne, was an mir und was an Lady S. schön sei. Ich hätte bereits ein Kind gehabt, und Lady S. zähle erst neunzehn Jahre; mein Haar sei schöner und voller, dafür sei jedoch ihre Taille graziöser; die Lady sei eine Dame der großen Welt, während „die Ihrige" – so bezeichnete er mich – eine jener vielen kleinen russischen Fürstinnen sei, die so häufig in den Bädern auftauchen. Zum Schlusse meinte er, ich hätte sehr wohl daran getan, den Kampf mit Lady S. nicht erst aufzunehmen, und für Baden-Baden sei ich wohl endgültig erledigt.

„Sie tut mir leid," sagte der andere.

„Vielleicht findet sie bei Ihnen noch einigen Trost …" meinte der Franzose leichthin, mit einem zynischen Lachen.

„Wenn sie abreist, folge ich ihr nach," sagte brutal die Stimme mit dem italienischen Akzent.

„Glücklichster aller Sterblichen: er kann noch lieben!" lachte der Franzose.

„Lieben?" wiederholte der andere und machte dann eine kleine Pause. „Ich kann nicht anders als lieben – ein Leben ohne Liebe ist für mich tot. Aus seinem Leben einen Roman machen – das ist das einzig Schöne. Und mein Roman hört nie in der Mitte auf, auch hier wird es einen Schluß geben."

„Viel Glück, mein Freund!" sagte der Franzose.

Mehr hörten wir nicht, weil die beiden um eine Ecke bogen. Alsbald vernahmen wir ihre Schritte von der andern Seite. Sie gingen eine Treppe hinunter, kamen wenige Augenblicke später aus einer Seitentür hervor und waren sehr überrascht, als sie uns erblickten. Ich errötete, als der Marchese D. auf mich zutrat, und ein Schreck befiel mich, als er mir beim Verlassen des Schlosses den Arm reichte. Ich konnte nicht ablehnen, und wir begaben uns hinter L. M., an deren Seite der Franzose ging, nach unserem Wagen. Ich fühlte mich gekränkt durch die Äußerung, die der Franzose über mich getan, obschon ich mir insgeheim selbst sagte, daß er nur ausgesprochen hatte, was auch ich empfand; die Worte des Marchese dagegen hatten mich durch ihre Brutalität in Erstaunen und Aufregung versetzt. Es war mir höchst peinlich, daß er nach dem, was er in bezug auf mich gesagt, doch ohne jede Scheu sich mir näherte. Es war mir widerwärtig, ihn so in meiner nächsten Nähe zu wissen; ohne ihn anzusehen oder ihm auch nur zu antworten, suchte ich meinen Arm so zu halten, daß ich seine Worte nicht hören konnte, und schritt, so rasch ich konnte, hinter L. M. und dem Franzosen daher. Der Marchese sagte irgend etwas über das herrliche Landschaftsbild, über das unverhoffte Glück, mir hier im Schlosse zu begegnen, und noch einiges andere, das ich nicht hörte. Ich dachte in diesem Augenblick an meinen Mann, meinen Sohn, meine russische Heimat; ein peinliches Gefühl, ein Bedauern, eine Sehnsucht ergriff meine Seele, und ich beeilte mich, so rasch wie möglich nach Hause zurückzukehren, nach meinem einsamen Zimmer im „Hôtel de Bade“, um in Ruhe über alles das nachzudenken, was sich soeben in meiner Seele zu regen begonnen hatte. Doch L. M. ging sehr langsam, es war noch ein ganzes Stück bis zu unserem Wagen, und mein Begleiter schien absichtlich seinen Schritt zu verzögern, als wollte er mich zurückhalten. „Das kann nicht sein!“ dachte ich und schlug entschlossen eine raschere Gangart ein. Doch nun merkte ich in der Tat, daß er mich absichtlich zurückhielt und sogar meinen Arm an sich preßte. L. M. bog soeben um eine Ecke des Weges, und wir waren allein. Ich wurde von Angst ergriffen.

„Verzeihen Sie,“ sagte ich kühl und wollte meinen Arm zurückziehen, doch der Spitzenbesatz meines Ärmels blieb an einem Knopfe seines Rockes hängen. Er beugte sich vor, um die Spitze loszumachen, und seine unbehandschuhten Finger berührten meine Hand. Eine mir ganz neue

Empfindung, halb Schreck und halb Lust, überlief wie ein Schauer meinen Rücken. Ich sah ihn an und versuchte in meinem Blicke all die kalte Verachtung zum Ausdruck zu bringen, die ich ihm gegenüber empfand; doch mein Blick sagte nicht das, was ich hineinlegen wollte – nur Angst und Erregung sprach sich darin aus. Seine glühenden, feuchtverschleierten Augen sahen mich aus nächster Nähe leidenschaftlich an, ruhten auf meinem Halse und meiner Brust, seine beiden Hände umfaßten meine Hand über dem Gelenk, seine geöffneten Lippen sprachen irgend etwas – daß er mich liebe, daß ich sein Alles sei – und dann näherten sich mir diese Lippen, und seine Hände drückten die meinigen immer fester und taten mir weh. Durch meine Adern rann es wie Feuer, es wurde mir dunkel vor den Augen, ich zitterte, und die Worte, die ich ihm entgegenschleudern wollte, blieben mir in der Kehle stecken. Plötzlich fühlte ich einen Kuß auf meiner Wange, und am ganzen Leibe zitternd in kaltem Erschauern, stand ich da und sah ihn an. Ich besaß nicht die Kraft, etwas zu sagen oder mich zu rühren, ich war wie vom Schreck gelähmt und erwartete etwas, verlangte nach etwas. Alles dies dauerte nur einen Augenblick. Ich begriff, was hinter diesem Gesicht verborgen lag: diese steile, niedrige Stirn, die unter dem Strohhut sichtbar ward, und die der Stirn meines Mannes so ähnlich war, diese schöne, gerade Nase mit den geblähten Nüstern, dieser lange, spitzgedrehte Schnurrbart mit dem kleinen Kinnbärtchen, diese glattrasierten Wangen und der gebräunte Hals! Ich haßte, ich fürchtete ihn – er war mir so ganz wildfremd; und doch hatte die Erregung und Leidenschaft dieses mir verhaßten fremden Mannes in meiner Seele einen so starken Widerhall gefunden! Ein so unwiderstehliches Verlangen hatte mich erfaßt, mich den Küssen dieses sinnlich rohen und doch wiederum schönen Mundes, den Liebkosungen dieser weißen Hände mit den feinen Adern und den ringgeschmückten Fingern hinzugeben. Es zog und trieb mich, kopfüber in diesen lockenden Abgrund verbotener Lust zu stürzen, der sich plötzlich vor mir aufgetan hatte ...

„Ich bin so unglücklich," dachte ich – „so möge denn noch mehr, noch mehr Unglück sich über meinem Haupte sammeln!"

Er schlang seinen Arm um mich und beugte sich über mein Gesicht.

„Möge noch mehr, noch mehr Schmach und Sünde sich über mir häufen!"

„Ich liebe Sie!" flüsterte er mit einer Stimme, die so sehr der meines Mannes glich. Mein Mann und mein Kind kamen mir plötzlich in Erinnerung, als Wesen, die mir einst teuer waren, und mit denen ich jetzt gänzlich abgeschlossen hatte. Da ließ sich plötzlich an der Wegbiegung die Stimme meiner Landsmännin vernehmen, die mich rief. Ich kam zur Besinnung, entriß ihm meine Hand und eilte, ohne mich nach ihm umzusehen, auf L. M. zu. Wir stiegen in die Kalesche, und nun erst sah ich mich nach ihm um. Er lüftete den Hut und fragte lächelnd nach irgend etwas. Er ahnte nicht, welchen grenzenlosen, unaussprechlichen Widerwillen ich in diesem Augenblick vor ihm empfand.

Mein Leben erschien mir so unglücklich, die Zukunft so hoffnungslos, die Vergangenheit so düster! L. M. sprach mit mir, doch begriff ich kein Wort. Ich hatte das Gefühl, als spreche sie nur aus Mitleid mit mir, um die Verachtung zu verbergen, die ich ihr einflößte. In jedem Worte, jedem Blick glaubte ich diese Verachtung, dieses kränkende Mitleid zu lesen. Der Kuß brannte mir noch auf der Wange wie ein Mal der Schande, und der Gedanke an meinen Gatten, an mein Kind war mir unerträglich. Ich hoffte über meine Lage in Ruhe nachdenken zu können, sobald ich erst allein auf meinem Zimmer wäre; als ich jedoch allein war, ward ich von Entsetzen ergriffen. Ich trank den Tee nicht aus, der mir gebracht wurde, und ohne zu wissen, warum, begann ich mit fieberhafter Eile meine Sachen zu packen, um noch mit dem Abendzuge zu meinem Manne nach Heidelberg zu fahren.

Als ich mit meiner Kammerzofe in dem leeren Kupee saß, als die Lokomotive sich in Bewegung setzte und die frische Luft durch das Fenster zu mir hereinströmte, kam ich allmählich wieder zur Besinnung und begann über meine Vergangenheit und Zukunft klarer nachzudenken.

Mein ganzes Eheleben vom Tage unserer Abreise nach Petersburg an erschien mir plötzlich in einem neuen Lichte und lastete wie eine schwere Schuld auf meinem Gewissen. Zum ersten Male gedachte ich wieder lebhaft der ersten Zeit unserer Ehe auf dem Lande, all der Pläne, die wir damals entworfen, und zum erstenmal durchfuhr mir der Gedanke den Kopf: welche Freuden sind ihm denn nun in dieser ganzen Zeit zuteil geworden? Und ich fühlte mich ihm gegenüber in tiefer, tiefer Schuld.

„Doch warum hat er mich nicht zurückgehalten, warum hat er sich vor mir verstellt, warum ist er jeder Erklärung ausgewichen, warum hat er mich beleidigt?“ fragte ich mich. „Warum hat er die Macht seiner Liebe mir gegenüber nicht geltend gemacht? Oder liebte er mich vielleicht nicht?“

Aber welche Schuld ihn auch immer treffen mochte, der Kuß des fremden Mannes brannte noch heiß auf meiner Wange, ich fühlte ihn ganz deutlich. Je mehr ich mich Heidelberg näherte, desto lebendiger trat mir das Bild meines Gatten vor Augen, desto banger wurde mir vor dem Wiedersehen. „Ich werde ihm alles, alles sagen, werde in einem Strome reuiger Tränen alles bekennen,“ dachte ich, „und er wird mir verzeihen.“ Was dieses „alles“, das ich ihm sagen wollte, sein würde, wußte ich selbst nicht, wie ich auch nicht daran glaubte, daß er mir verzeihen würde.

Kaum hatte ich denn auch das Zimmer meines Mannes betreten, kaum sein ruhiges, wenn auch erstauntes Gesicht erblickt, als ich sogleich fühlte, daß ich ihm nichts sagen, ihm nichts bekennen, ihn nicht um Verzeihung bitten würde. Mein Schmerz und meine Reue sollten unausgesprochen, sollten tief in meiner Seele verborgen bleiben.

„Was für ein Einfall!“ sagte er – „ich wollte ja morgen zu dir kommen!“ Als er jedoch mein Gesicht schärfer betrachtete, schien es, als erschrecke er. „Was ist dir! Was hast du denn?“ sagte er.

„Nichts,“ antwortete ich und konnte nur mit Mühe meine Tränen zurückhalten. „Ich gehe nicht mehr nach Baden zurück. Laß uns nach Hause reisen, nach Rußland, und wenn es morgen sein soll!“

Er sah mich eine ganze Weile schweigend und mit Aufmerksamkeit an.

„Erzähle mir, was dir begegnet ist!“ sagte er.

Ich errötete unwillkürlich und senkte den Blick. In seinen Augen flammte ein Gefühl der Kränkung und des Zornes auf. Ich erschrak bei dem Gedanken, daß er irgendwelche bösen Vermutungen haben könnte, und mit einer so vollendeten Verstellung, wie ich sie mir selbst nicht zugetraut hätte, sagte ich:

„Es ist nichts vorgefallen, ich langweile und gräme mich einfach, wenn ich so allein bin, und ich habe sehr viel über unser Zusammenleben und über dich nachgedacht. Ich fühle mich längst dir gegenüber in tiefer Schuld. Warum fährst du mit da hin, wohin es dich selbst nicht zieht? Längst schon bin ich dir gegenüber schuldig,“ wiederholte ich, und die Tränen traten mir wieder in die Augen. „Laß uns aufs Land zurückkehren, und zwar für immer!“

„Ach, meine Liebe, erspare mir alle gefühlvollen Szenen,“ versetzte er kühl. „Daß du aufs Land ziehen willst, ist recht schön, zumal auch unser Geld zu Ende geht; aber daß es für immer sein sollte – nein, das ist Einbildung. Ich weiß, daß du es nicht aushältst. Trink eine Tasse Tee, das wird besser sein,“ schloß er, und stand auf, um dem Kellner zu klingeln.

Ich suchte zu erraten, was er wohl von mir denken mochte, und ich fühlte mich verletzt, wenn ich mir all das Schreckliche vorstellte, das er mir, nach seinem ungläubigen und gleichsam beschämten Blicke zu urteilen, zutrauen mochte. Nein, er will und kann mich nicht verstehen! Ich sagte ihm, daß ich das Kind sehen wolle, und verließ ihn. Ich wollte allein sein und weinen, weinen, weinen ...

4.

In dem längst nicht mehr geheizten, einsamen Hause in Nikolskoje zog wieder Leben ein; was jedoch einst dort gewesen, erwachte nicht wieder zum Leben. Die Mutter war nicht mehr, und wir standen fortan einander allein gegenüber. Doch nun hatten wir gar nicht mehr das Bedürfnis, allein für uns zu sein – es bedrückte uns vielmehr, wenn wir unter uns blieben. Der Winter brachte mir um so weniger Freuden, als ich leidend war und mich erst nach der Geburt meines zweiten Sohnes wieder erholte. Unsere Beziehungen behielten denselben freundschaftlich kühlen Charakter, den sie bereits während unseres Aufenthalts in der Stadt gehabt hatten; hier aber, auf dem Lande, erinnerte mich jede Diele, jede Wand, jeder Diwan an das, was er mir einstmals gewesen, und was ich verloren hatte. Es schwebte zwischen uns etwas wie eine nicht verziehene Beleidigung; es war, als wolle er mich für irgend etwas bestrafen, ohne mich doch merken zu lassen, daß er es tat. Ich wußte nicht, weswegen ich ihn hätte um Verzeihung und Gnade bitten sollen. Die Strafe, die er über mich verhängte, bestand auch nur darin, daß er mir nicht mehr sein ganzes Ich, seine ganze Seele hingab, wie in früherer Zeit; doch gab er auch sonst niemandem, was er mir entzog – es war, als wenn er das, was mir nicht mehr zuteil wurde, gar nicht mehr besäße. Zuweilen dachte ich, er stelle sich nur so an, um mich zu peinigen, in Wirklichkeit aber sei das alte Gefühl noch immer in ihm lebendig. Ich gab mir Mühe, es wieder zum Leben zu erwecken, doch er schien jedesmal einer offenen Erklärung auszuweichen, als vermute er Verstellung auf meiner Seite, als fürchte er sich lächerlich zu machen, wenn er sich allzu gefühlvoll gäbe. Sein Blick und der Ton seiner Stimme schienen zu sagen: „Ich weiß alles, weiß alles, rede nicht lange; alles, was du mir sagen könntest, ist mir längst bekannt. Ich weiß auch, daß du das eine sagen und doch das andere tun wirst." Anfangs fühlte ich mich durch diese Furcht vor einer offenen Aussprache verletzt, dann aber gewöhnte ich mich an den Gedanken, daß bei ihm gar nicht Mangel an Offenheit vorlag, sondern daß er einfach kein Bedürfnis nach Offenheit hatte. Die Zunge hätte mir versagt, wenn ich ihm jetzt plötzlich hätte sagen sollen, daß ich ihn liebe, oder wenn ich ihn hätte bitten sollen, mit mir gemeinsam zu beten, oder sich mein Spiel anzuhören. Es hatten sich zwischen uns bereits gewisse Anstandsregeln ausgebildet. Wir lebten jedes für sich: er widmete sich seinen Beschäftigungen, die mich nicht interessierten, und an denen ich keinen Anteil nahm, während ich meine Zeit mit eitlem Tand vertrödelte, was ihn jetzt nicht mehr so betrübte und verletzte wie früher. Die Kinder waren noch zu klein, um ein Bindeglied zwischen uns zu bilden.

Doch nun kam der Frühling. Katja und Sonja kamen für den Sommer aufs Land, und da unser Haus in Nikolskoje im Umbau begriffen war, siedelten wir nach Pokrowskoje über. Da lebte ich nun wieder in dem alten Pokrowsker Hause mit seiner Terrasse, mit dem Ausziehtisch und dem Klavier in dem hellen Saal, mit dem traulichen Zimmer, in dem ich einstmals gewohnt und meine längst vergessenen Mädchenträume gesponnen hatte. In diesem Zimmer standen zwei kleine Betten; auf dem einen, das einst mir gehört hatte, reckte sich nun des Abends mein lieber, pausbäckiger Kokoscha, während in dem zweiten, kleineren, Wanjas Gesichtchen aus den Kissen hervorschaute. Ich gab den beiden Bürschchen meinen Segen zur Nacht und blieb dann oft noch inmitten des kleinen Zimmers stehen. Aus allen Winkeln, von den Wänden, von den weißen Fenstervorhängen lösten sich gleichsam plötzlich alte, vergessene Jugendillusionen. Alte, bekannte Stimmen begannen kindliche Lieder zu singen. Wohin waren sie entschwunden, diese Illusionen, diese holden, süßen Lieder? Alles, was ich kaum zu hoffen gewagt, war in Erfüllung gegangen. Meine unklaren, wirren Träume waren zur Wirklichkeit geworden, diese Wirklichkeit aber hatte sich für mich in ein schweres, qualvolles, freudloses Leben verwandelt. Und doch ist alles ringsum sich selbst gleich geblieben: denselben Garten sehe ich durchs Fenster, denselben Rasenplatz, denselben Weg, dieselbe Bank dort am Rande der Schlucht, dieselben Nachtigallenlieder klingen aus den Gebüschen am Teiche, dieselben Fliedersträucher prangen in voller Blütenpracht, und derselbe Mond steht über dem Hause. Andrerseits aber hat sich alles auf so schreckliche, so unmögliche Weise gewandelt! So kalt mutet mich alles an, was mir doch so teuer und vertraut sein könnte! Ganz wie in früheren Tagen sitze ich mit Katja in leisem Geplauder im Gastzimmer – wir sprechen von ihm. Doch Katjas Gesicht ist gelb und runzelig geworden, ihre Augen strahlen nicht mehr in Freude und Hoffnung, sondern drücken teilnahmsvolle Trauer und Mitleid aus. Wir schwärmen nicht mehr von ihm, wie dereinst, wir kritisieren ihn; wir sind nicht mehr erstaunt darüber, weshalb und wofür uns soviel Glück zuteil geworden, und verspüren keine Neigung mehr, aller Welt zu verkünden, wie uns ums Herz ist; wie zwei Verschworene flüstern wir miteinander und legen uns gegenseitig wohl zum hundertstenmal die Frage vor, wie es nur möglich war, daß sich alles auf so traurige Weise verändert hat.

Und auch er ist noch immer derselbe, nur daß die Falte zwischen seinen Brauen tiefer geworden und das Haar an seinen Schläfen stärker gebleicht ist, während sein tiefer, forschender Blick sich vor mir stets wie mit einer Wolke verhüllt. Auch ich bin ganz dieselbe, die ich war, nur daß keine Liebe und keine Sehnsucht nach Liebe mehr in mir ist. Auch kein Arbeitsbedürfnis und keine Zufriedenheit mit mir selbst empfinde ich. Fern liegt meinem Empfinden das fromme Entzücken, das ich früher kannte, die frühere Liebe zu ihm, die frühere Lebensfülle. Ich würde jetzt nicht begreifen, was mir früher so klar und selbstverständlich erschien: daß das Glück darin bestehe, für andere zu leben. Warum für andere leben, wenn man nicht einmal Lust verspürt, für sich selbst zu leben?

Die Musik hatte ich seit meiner damaligen Abreise nach Petersburg vollkommen aufgegeben; jetzt aber weckten mein altes Piano, meine alten Noten in mir wieder die Lust am Musizieren.

Ich war eines Tages, da ich mich nicht ganz wohl fühlte, zu Hause geblieben, während Katja und Sonja mit ihm nach Nikolskoje gefahren waren, um sich den Neubau anzusehen. Der Teetisch war gedeckt; ich hatte mich hinunter begeben, um auf die andern zu warten, und setzte mich inzwischen ans Klavier. Ich schlug die Sonate Quasi una fantasia auf und begann sie zu spielen. Kein Mensch war zu sehen noch zu hören, die Fenster nach dem Garten waren geöffnet, und die bekannten, feierlich schwermütigen Töne klangen durch das Zimmer. Ich hatte den ersten Teil beendet und blickte ganz unbewußt, aus alter Gewohnheit, in die Ecke, in der er früher zu sitzen und mir zuzuhören pflegte. Aber er war nicht da; der Stuhl, der schon längst nicht mehr von der Stelle gerückt worden war, stand immer noch in seinem Winkel; durch das offene Fenster sah man den Fliederbusch, der sich von dem hellen Dämmerschein abhob, und die Abendkühle drang ins Zimmer. Ich stützte die Ellbogen auf das Klavier, bedeckte das Gesicht mit beiden Händen und versank in Nachdenken. Lange Zeit saß ich so da, dachte mit Schmerzen an das Vergangene, Unwiederbringliche, und grübelte zaghaft über das Neue. Doch war mir, als hätte ich nichts Neues mehr zu erwarten, als gäbe es für mich kein Wünschen und kein Hoffen mehr. „Bin ich wirklich schon mit dem Leben fertig?“ dachte ich voll Entsetzen, hob den Kopf empor und begann dann, um zu vergessen, um nicht mehr denken zu müssen, noch einmal das Andante zu spielen. „Mein Gott!“ dachte ich – „verzeih mir, wenn ich schuldig bin, oder gib mir zurück, was gut und schön war an meiner Seele, oder lehre mich, was ich tun, wie ich weiterleben soll!“

Auf dem Rasen draußen und vor der Freitreppe ließ sich das Rollen eines Wagens vernehmen; auf der Terrasse ertönten leise, bekannte Schritte, dann war alles wieder still. Doch diese bekannten Schritte weckten in mir nicht mehr das alte Gefühl. Als ich zu Ende gespielt hatte, vernahm ich die Schritte hinter mir, und eine Hand legte sich auf meine Schulter.

„Wie hübsch, daß du diese Sonate gespielt hast!“ sagte er.

Ich schwieg.

„Hast du noch nicht Tee getrunken?“

Ich schüttelte verneinend den Kopf, sah mich jedoch nicht nach ihm um, damit er die Spuren der Erregung nicht bemerkte, die noch auf meinem Gesichte zu sehen waren.

„Sie werden sogleich hier sein; das Pferd war unruhig geworden, und sie sind von der Landstraße ab zu Fuß hierher gegangen,“ sagte er.

„Wir wollen auf sie warten,“ sagte ich und ging auf die Terrasse hinaus in der Hoffnung, daß auch er mir dahin folgen werde; doch er fragte nach den Kindern und ging zu ihnen.

Wiederum hatte seine Gegenwart, seine schlichte, herzlich klingende Stimme meine Meinung, daß schon alles für mich verloren sei, erschüttert. „Was kann ich mir noch mehr wünschen?“ dachte ich. „Er ist gut, ist zärtlich, ist ein guter Gatte und Vater – ich wüßte wirklich nicht, was mir noch fehlte!“

Ich ging auf den Balkon und setzte mich unter dem Leinwanddache der Terrasse auf dieselbe Bank, auf der ich damals, als wir uns erklärt hatten, gesessen hatte. Die Sonne war bereits untergegangen, die Dämmerung war heraufgezogen, und eine dunkle Frühlingswolke hing über Haus und Garten; nur weit hinten, zwischen den Bäumen, schimmerte der helle Streifen des erlöschenden Abendrots mit dem in vollem Glanze strahlenden Abendstern. Alles war ringsum in den leichten Schatten gehüllt, der von der Wolke niederfiel, alles erwartete den linden Frühlingsregen. Der Wind hatte sich gelegt – nicht ein Blatt, nicht ein Grashalm regte sich; Flieder und Faulbaum dufteten so stark, als wenn die ganze Luft in Blüten stände; in auf und nieder gehenden Wellen, bald stärker, bald schwächer werdend, fluteten die Blumendüfte über den Garten und die Terrasse hin, daß man sich versucht fühlte, die Augen zu schließen, um nichts zu sehen, nichts zu hören und nur einzig diese süßen Düfte auf sich wirken zu lassen. Die Georginen und Rosenbüsche, die noch nicht blühten, standen unbeweglich auf ihren frisch umgegrabenen schwarzen Rabatten, als wüchsen sie langsam an den weißen, abgeschälten Stäben in die Höhe; von der Schlucht her vernahm man das durchdringende Quaken der Frösche, die noch einmal vor dem Eintritt des Regens, der sie ins Wasser jagen würde, ihre volle Kehlkraft auszuprobieren schienen. Wie ein feines, ununterbrochenes Rauschen erklang's über ihrem Geschrei. Die Nachtigallen ließen sich bald da, bald dort in den Büschen vernehmen, und man hörte, wie sie ängstlich von einer Stelle zur andern flatterten. Wieder hatte sich auch in diesem Frühling eine Nachtigall im Gebüsch unter dem Fenster anzusiedeln gesucht, und als ich jetzt hinaustrat, hörte ich, wie sie nach der Allee zu davonflog und von dort einen lauten Triller hören ließ, um dann erwartungsvoll zu verstummen.

Vergeblich hatte ich meine Unruhe zu bekämpfen gesucht – voll Erwartung, voll schmerzlichen Bangens saß ich da. Er kam wieder von oben herab und setzte sich neben mich.

„Es scheint, Katja und Sonja werden naß werden,“ sagte er.

„Ja,“ versetzte ich, und dann schwiegen wir beide eine ganze Weile.

Die Wolke senkte sich in der unbewegten Luft tiefer und tiefer; ringsum ward es immer stiller, immer duftiger und regungsloser, bis plötzlich ein Tropfen niederfiel und von der Leinwandmarkise absprang, während ein zweiter auf dem Kies des Gartenweges aufspritzte; jetzt klatschte es auf die Lattichblätter nieder, und im nächsten Augenblick kam in großen Tropfen ein erfrischender, starker Regenschauer herab. Die Nachtigallen und die Frösche waren ganz verstummt, nur das sanfte Rauschen klang noch, wenn auch durch das Trommeln des Regens übertönt, leise durch die Luft, und irgendein Vogel, der sich in das trockene Blattwerk nahe der Terrasse geflüchtet haben mußte, ließ in einförmigem Rhythmus immer wieder seine zwei Noten hören.

Er erhob sich und wollte gehen.

„Wohin willst du?" fragte ich, ihn zurückhaltend. „Es ist hier so schön."

„Ich will den beiden Regenschirme und Galoschen schicken," antwortete er.

„Es wird wohl nicht nötig sein – der Regen wird gleich aufhören."

Er stimmte mir bei, und wir blieben zusammen am Geländer der Terrasse stehen. Ich stützte die Hand auf die glatte, nasse Brüstung und neigte den Kopf vor. Der frische Regen tropfte mir da und dort auf Haar und Nacken nieder. Die Wolke, die den Regen auf uns niedersandte, wurde heller und durchsichtiger; statt des gleichmäßigen Rauschens des Regens vernahm man nur noch das Fallen der einzelnen Tropfen, die von oben und von den Blättern fielen. Wieder begannen die Frösche ihr Konzert, wieder flatterten die Nachtigallen auf und ließen sich bald da, bald dort aus den nassen Büschen vernehmen.

„Wie schön!" sprach er, während er sich an die nasse Brüstung lehnte und mit der Hand über mein feuchtes Haar hinstrich.

Diese einfache Liebkosung wirkte auf mich wie ein Vorwurf – ich war den Tränen nahe.

„Was braucht nun der Mensch noch mehr?" sagte er. „Ich bin in dieser Stunde so zufrieden, daß mir nichts fehlt, ich bin vollkommen glücklich!"

„Es gab eine Zeit, da du von deinem Glück anders dachtest und sprachst," dachte ich im stillen. „Wie groß es auch war – du meintest doch, es müsse noch immer größer und größer werden. Und jetzt bist du ruhig und zufrieden, während meine Seele voll ist von unausgesprochener Reue, unausgeweinten Tränen."

„Auch mir ist wohl zumute," sagte ich, „obschon gerade das mich trübe stimmt, daß es rings um mich herum gar so schön ist. In mir ist alles so zusammenhangslos, so leer, es verlangt mich nach irgend etwas – und hier ist's so schön, so ruhig. Empfindest du nicht auch so eine Art Weh, das sich deinem Entzücken über die Schönheit der Natur beigesellt – als sehntest du dich nach etwas Vergangenem?"

Er nahm die Hand von meinem Kopfe und schwieg ein Weilchen.

„Ja, früher hatte auch ich dieses Gefühl, namentlich im Frühling," sagte er, sich gleichsam besinnend. „Auch ich habe so manche Nacht in Sehnen und Hoffen verbracht, und wie schön waren diese Nächte! ... Aber damals lag noch alles im Schoße der Zukunft, und jetzt liegt alles hinter mir; jetzt bin ich mit dem zufrieden, was ist, und befinde mich wohl dabei," schloß er so zuversichtlich, so gelassen, daß ich, so schmerzlich mich seine Worte auch berührten, sie doch für vollkommen aufrichtig halten mußte.

„Und du wünschst dir gar nichts weiter?" fragte ich.

„Nichts Unmögliches wenigstens," antwortete er, meine Empfindungen erratend. „Dein Haar ist ganz naß," fügte er hinzu, während er mir wie einem Kinde mit der streichelnden Hand über das Haar fuhr – „es scheint, du beneidest das Laub und das Gras, weil der Regen sie erquickt; du möchtest Gras und Laub und Regen zugleich sein. Ich dagegen begnüge mich damit, mich ihrer zu freuen, wie überhaupt alles dessen, was schön und jung und glücklich ist auf dieser Welt."

„Und du sehnst dich nach dem, was vergangen ist, nicht zurück?" fuhr ich fort zu fragen, während ich fühlte, daß mir immer schwerer und schwerer ums Herz ward.

Er versank in Nachdenken: ich sah, daß er gewillt war, mir vollkommen aufrichtig zu antworten.

„Nein," antwortete er kurz auf meine Frage.

„Das ist nicht wahr, das ist nicht wahr!" rief ich laut, während ich mich nach ihm umwandte und ihm in die Augen sah. „Du sehnst dich wirklich nicht nach der Vergangenheit zurück?"

„Nein!" wiederholte er. „Ich gedenke wohl mit Dankbarkeit dessen, was gewesen ist, aber ich sehne mich nicht danach zurück."

„Du wünschst also nicht, daß es wiederkehren möchte?" sagte ich.

Er wandte sich ab und blickte in den Garten hinein.

„Ich wünsche es so wenig, wie ich wünschen kann, daß mir Flügel wachsen möchten," sagte er. „Es ist eben unmöglich, daß es wiederkehrt."

„Und du hast an der Vergangenheit nichts auszusetzen, du machst dir selbst oder mir keine Vorwürfe?"

„Nicht im geringsten! Alles war vortrefflich so, wie es gewesen."

„Höre einmal!" sagte ich, seine Hand berührend, damit er sich nach mir umwende. „Höre – warum hast du mir nie gesagt, daß du willst, ich möchte so leben, wie du es wünschst? Warum hast du mir eine Freiheit gewährt, von der ich doch keinen Gebrauch zu machen wußte, warum hast du aufgehört, mich zu führen und zu belehren? Wenn du nur gewollt, wenn du mich anders geleitet hättest, dann wäre nichts, gar nichts geschehen!" sagte ich in einem Tone, aus dem immer lauter und deutlicher kalter Verdruß und Vorwurf statt der einstigen Liebe klang.

„Was wäre nicht geschehen?" fragte er verwundert, während er sich nach mir umwandte. „Es ist doch auch so nichts geschehen! Alles ist gut, sehr gut!" fügte er lächelnd hinzu.

„Versteht er mich denn wirklich nicht – oder will er mich vielleicht gar nicht verstehen?" dachte ich, und die Tränen traten mir in die Augen.

„Es wäre nicht geschehen, daß ich, obschon ich dir gegenüber ohne jede Schuld bin, gleichwohl von dir mit Gleichgültigkeit, ja mit Verachtung gestraft werde!“ brach es plötzlich aus mir hervor. „Es wäre nicht geschehen, daß ohne jedes Verfehlen von meiner Seite du mir plötzlich alles nahmst, was mir teuer war.“

„Was sagst du da, meine Liebe!“ sprach er, als hätte er den Sinn meiner Worte nicht erfaßt.

„Nein, laß mich ausreden ... Du hast mir dein Vertrauen, deine Liebe, ja selbst deine Achtung entzogen; denn ich kann es nicht glauben, daß du mich jetzt, nach allem, was geschehen ist, noch liebst. Ich will es ein für allemal aussprechen, was mich schon lange quält,“ fuhr ich hastig fort, damit er mich nicht wieder unterbräche. „Bin ich vielleicht schuld daran, daß ich das Leben nicht kannte, daß du es mich allein entdecken ließest? .. Bin ich schuld daran, daß du mich jetzt, nachdem ich selbst erkannt habe, was nottut, nachdem ich nun wohl bald ein Jahr lang mich vergeblich bemühe, den Weg zu dir zurückzufinden – daß du mich da zurückweisest, als begriffest du nicht, was ich will, und zwar auf eine Art, daß auf dich nicht der geringste Vorwurf fällt, während ich als die Schuldige dastehe und mich unglücklich fühle? Ja du willst mich sogar von neuem hinausstoßen in dieses Leben, das mir wie dir nur Unglück zu bringen vermag ...“

„Woraus schließest du das?“ fragte er in aufrichtigem Schreck und Erstaunen.

„Hast du es nicht gestern erst gesagt, und behauptest du es nicht immer und immer wieder, daß ich mich hier nicht heimisch fühlen würde, und daß wir für den Winter wieder nach Petersburg ziehen müßten, das mir so verhaßt ist?“ fuhr ich fort. „Statt mich zu stützen, gehst du jeder offenen Erklärung, jeder aufrichtigen, herzlichen Aussprache mit mir aus dem Wege. Und wenn ich dann vollends sinke, wirst du mir Vorwürfe machen und dich freuen über meinen Fall.“

„Halt ein, halt ein!“ sprach er streng und kalt. „Das ist häßlich, was du eben sagtest, und es zeigt nur, daß du gegen mich aufgebracht bist, daß du mich ...“

„Daß ich dich nicht liebe? ... Immer sag' es, sag' es!“ versetzte ich, seinen Gedanken vervollständigend, und brach in Tränen aus. Ich setzte mich auf die Bank und vergrub mein Gesicht in das Taschentuch.

„So also hat er mich aufgefaßt!“ dachte ich, während ich das Schluchzen in meiner Kehle zu unterdrücken suchte. „Es ist aus, ist aus mit unserer einstigen Liebe!“ erklang eine Stimme in meinem Herzen. Er näherte sich mir nicht, suchte mich nicht zu trösten. Er war beleidigt durch meine Worte. Seine Stimme klang ruhig und hart.

„Ich wüßte nicht, was du mir vorwerfen könntest,“ begann er – „außer vielleicht, daß ich dich nicht mehr so liebte wie früher ...“

„Liebte!“ wiederholte ich, immer noch das Tuch vor das Gesicht haltend und es mit meinen reichlich fließenden, bitteren Tränen netzend.

„Doch daran ist die Zeit schuld – und allerdings auch wir selbst. Jedes Lebensalter hat seine besondere Art von Liebe.“ Er schwieg einen Augenblick. „Wenn du schon Offenheit verlangst, will ich dir auch die ganze Wahrheit sagen. Wie ich in jenem Jahre, da ich dich kennen lernte, meine Nächte schlaflos, nur in Gedanken an dich, verbrachte, und das Gebäude meiner Liebe, die mir im Herzen wuchs und wuchs, selbst immer höher emportürmte, so habe ich in Petersburg und im Auslande schreckliche Nächte ohne Schlaf zugebracht und das Gebäude dieser Liebe, die mir zur Pein geworden, wieder abgetragen und zerstört. Nicht die Liebe selbst habe ich zerstört, wohl aber das, was für mich an ihr so qualvoll war. Ich fand meine Ruhe wieder, und auch die Liebe war mir geblieben, wenn sie auch von anderer Art war.“

„Du nennst eben Liebe, was doch in Wirklichkeit auch nichts weiter als Qual ist!“ versetzte ich. „Warum hast du mir diesen Verkehr in der Welt gestattet, wenn er dir doch so verderblich schien, wenn er mich deine Liebe kosten sollte?“

„Nicht die Welt ist schuld, meine Liebe,“ sagte er.

„Warum hast du von deiner Gewalt über mich nicht Gebrauch gemacht?“ fuhr ich fort. „Warum hast du mich nicht in Ketten gelegt, nicht getötet? Dann wäre mir wohler gewesen als jetzt, da ich alles verloren habe, was mein Glück ausmachte.“

Ich brach von neuem in Schluchzen aus und verhüllte mein Gesicht.

In diesem Augenblick kamen Katja und Sonja, ganz durchnäßt, doch munter lachend und plaudernd, auf die Terrasse; als sie uns jedoch sahen, verstummten sie und entfernten sich sogleich wieder.

Wir schwiegen eine ganze Weile, nachdem sie gegangen waren; ich weinte mich aus, und es ward mir leichter ums Herz. Ich sah ihn an. Er saß, den Kopf auf die Hand gestützt, da und wollte mir offenbar, als Antwort auf meinen Blick, irgend etwas sagen, doch seufzte er nur schwer auf und stützte dann wieder den Kopf auf den Ellbogen.

Ich trat auf ihn zu und zog seine Hand fort. Sein Blick wandte sich mir mit tief nachdenklichem Ausdruck zu.

„Ja,“ sagte er, seine Gedanken gleichsam weiterspinnend. „Wir alle – und namentlich die Frauen – müssen die Torheiten, die sich uns als ›das Leben‹ darstellen, selbst durchkosten, ehe wir uns wieder zum eigentlichen Leben zurückfinden. Mit dem Glauben an das, was andere erfahren haben, ist es da nicht getan. Du hattest von diesen lockenden, reizvollen Torheiten noch nicht allzu viel gekostet, und es machte mir anfangs Vergnügen, dich mitten in diesem Strudel zu sehen; dann sagte ich mir, ich besäße gar nicht das Recht, dich in dieser Hinsicht zu beschränken, und so ließ ich dich alles selbst ausprobieren, zumal für mich die Zeit längst vorüber war, an diesen Dingen Gefallen zu finden.“

„Und wenn du mich wirklich liebtest – warum rissest du mich nicht heraus aus dieser eitlen, törichten Welt?“ sagte ich.

„Weil du mir beim besten Willen doch nicht geglaubt hättest; du mußtest alles selbst erproben ... und du hast es erprobt.“

„Du hast eben immer zu viel gegrübelt und zu wenig geliebt,“ sagte ich.

Wir schwiegen wieder beide eine ganze Weile.

„Was du soeben sagtest, ist zwar hart, doch ist es die Wahrheit," sagte er dann plötzlich, während er sich erhob und auf der Terrasse hin und her zu gehen begann. „Ja, es ist die Wahrheit. Ich war schuld," fügte er hinzu, während er vor mir stehen blieb. „Ich hätte dich entweder gar nicht oder auf eine schlichtere Art lieben sollen, ja!"

„Vergessen wir alles ..." sprach ich schüchtern.

„Nein, was dahin ist, kehrt nicht mehr wieder, nie bringst du es wieder zurück!"

Seine Stimme wurde weich, als er dies sagte.

„Es ist schon alles zurückgekehrt ..." sagte ich und legte meine Hand auf seine Schulter.

Er ergriff meine Hand und drückte sie.

„Ich blieb nicht bei der Wahrheit," sprach er, „als ich sagte, ich wünschte nicht, daß das Vergangene wiederkehren möchte; ich wünsche es doch, und ich weine um diese entschwundene Liebe, die nicht mehr ist und nicht wieder sein wird. Wen die Schuld trifft, weiß ich nicht. Wohl ist die Liebe geblieben, doch ist sie nicht dieselbe; die Stätte, an der sie wohnte, ist noch da, aber sie selbst ist erschlafft, ist saft- und kraftlos geworden, muß sich mit Erinnerungen, mit dankbarem Gedenken begnügen; indes ..."

„Sprich nicht so!" unterbrach ich ihn. „Laß lieber alles so sein, wie es früher war ... es ist doch noch möglich, nicht wahr?" fragte ich und sah ihm in die Augen. Doch seine Augen waren klar und ruhig und blickten nicht so wie einst, so tief und forschend, in die meinen. Schon in dem Augenblick, da ich diese Worte sprach, fühlte ich, daß das, was ich ersehnte, und um was ich ihn bat, unmöglich sei. Er lächelte ruhig und mild, und es schien mir etwas Greisenhaftes in seinem Lächeln zu liegen.

„Wie jung du noch bist," sagte er – „und wie alt ich bin! Nein, was du wünschst und ersehnst, findest du in mir nicht mehr ... Warum soll ich mich selbst belügen?" fügte er, immer mit dem gleichen Lächeln, hinzu.

Ich stand schweigend neben ihm, und auch auf meine Seele legte sich eine milde Ruhe.

„Geben wir uns keine Mühe, das Leben zu wiederholen," fuhr er fort – „belügen wir uns selbst nicht! Danken wir vielmehr Gott, daß die alte Unruhe und Aufregung von uns genommen ist. Wir haben keine Ursache, irgend etwas zu suchen und uns um irgend etwas aufzuregen. Wir haben unser Teil schon gefunden, haben schon Glückes genug genossen. Jetzt heißt es für uns beiseite treten und *diesen da* die Bahn freigeben!" sagte er, nach der Amme weisend, die soeben mit Wanja herankam und an der Terrassentür stehen blieb. „So ist's, meine Liebe," schloß er, meinen Kopf an sich ziehend und ihn küssend. Nicht der Liebhaber war es, der mich küßte, sondern der gute alte Freund.

Vom Garten her strömte immer kräftiger und würziger die duftige Frische der Nacht herüber, immer feierlicher wurde die Stille, immer seltener klangen die Laute, die sie unterbrachen, und am Himmel blinkten immer neue und neue Sterne. Ich sah ihn an, und es wurde mir plötzlich so leicht ums Herz, als hätte man mir jenen kranken moralischen Nerv durchschnitten, der mir soviel Leiden bereitet hatte. Ich begriff plötzlich klar und deutlich, daß das Gefühl jener jungen Tage für immer dahin war, gleich jenen Tagen selbst, und daß es nicht nur unmöglich war, dieses Gefühl jetzt wieder zu erwecken, sondern daß auch jeder Versuch, es zu tun, nur Schmerz und Aufregung verursachen konnte. Und war sie denn auch wirklich so schön gewesen, diese Zeit, die mir so glücklich erschienen? Ach, wie weit, wie weit lag sie doch eigentlich schon zurück! ...

„Aber es ist nun Zeit, den Tee einzunehmen!" sagte er. Und wir gingen beide zusammen in das Empfangszimmer. In der Tür begegneten wir wiederum der Amme mit dem kleinen Wanja. Ich nahm das Kind in die Arme, hüllte seine entblößten rosigen Beinchen ein, drückte es an mich und küßte es, sein Mündchen kaum mit den Lippen berührend. Der Kleine bewegte wie im Schlafe das Händchen mit den ausgespreizten, runzeligen Fingern und öffnete die trüben Äuglein, als wenn er etwas suchte, oder sich an etwas erinnerte; plötzlich blieben dann diese Äuglein auf mir haften, ein Funke von Bewußtsein blitzte darin auf, und ein Lächeln spielte um die vollen, zarten Lippen. „Du bist mein, mein, mein!“ dachte ich, während ich ihn in vollem Glücksempfinden an die Brust drückte, fast befürchtend, daß ich ihm wehtat. Und ich begann seine kalten Füßchen, seinen kleinen Körper, seine Ärmchen und sein mit dem ersten Flaum bedecktes Köpfchen zu küssen. Mein Mann trat auf mich zu; ich verhüllte rasch das Gesichtchen des Kindes und deckte es dann wieder auf.

„Iwan Sergjeitsch!“ sagte mein Mann, den Kleinen mit dem Finger unter das Kinn fassend. Doch ich verhüllte rasch wieder meinen kleinen Iwan Sergjeitsch. Niemand außer mir sollte ihn lange ansehen dürfen. Ich blickte meinen Mann an, seine Augen lachten, als er in die meinen schaute, und zum erstenmal seit langer Zeit war mir leicht und froh zumute, als ich ihn so ansah.

Mit diesem Tage endete mein Roman mit meinem Manne, und das alte Gefühl wurde für mich zu einer teuren Erinnerung – ich wußte, daß es nie wiederkehren würde; das neue Gefühl – ein Gefühl der Liebe zu meinen Kindern und dem Vater meiner Kinder – wurde für mich zur Grundlage eines andern, auf ganz neue Art glücklichen Lebens, das ich bis zu diesem Augenblick noch nicht zu Ende gelebt habe.